“十三五”国家重点图书出版规划项目

中国近现代稀见史料丛刊【第五辑】

东游考察学校记

张剑 徐雁平 彭国忠 主编

关赓麟 著

孔繁文 吴国聪 整理

本辑执行主编 徐雁平

凤凰出版社

图书在版编目（CIP）数据

东游考察学校记 / 关赓麟著 ; 孔繁文, 吴国聪整理.
-- 南京 : 凤凰出版社, 2018.6
（中国近现代稀见史料丛刊. 第五辑）
ISBN 978-7-5506-2793-2

Ⅰ. ①东… Ⅱ. ①关… ②孔… ③吴… Ⅲ. ①学校—考察—日本—文集 Ⅳ. ①G649.313-53

中国版本图书馆CIP数据核字(2018)第125031号

书　　名	东游考察学校记
著　　者	关赓麟 著　孔繁文　吴国聪 整理
责任编辑	樊　昕
装帧设计	姜　嵩
出版发行	凤凰出版社(原江苏古籍出版社) 发行部电话025-83223462
出版社地址	南京市中央路165号,邮编:210009
出版社网址	http://www.fhcbs.com
照　　排	南京凯建图文制作有限公司
印　　刷	南通印刷总厂有限公司 南通市通州经济开发区朝霞路180号,邮编:226300
开　　本	880×1230毫米　1/32
印　　张	5.125
字　　数	133千字
版　　次	2018年6月第1版　2018年6月第1次印刷
标准书号	ISBN 978-7-5506-2793-2
定　　价	36.00元

(本书凡印装错误可向承印厂调换,电话:0513-80237871)

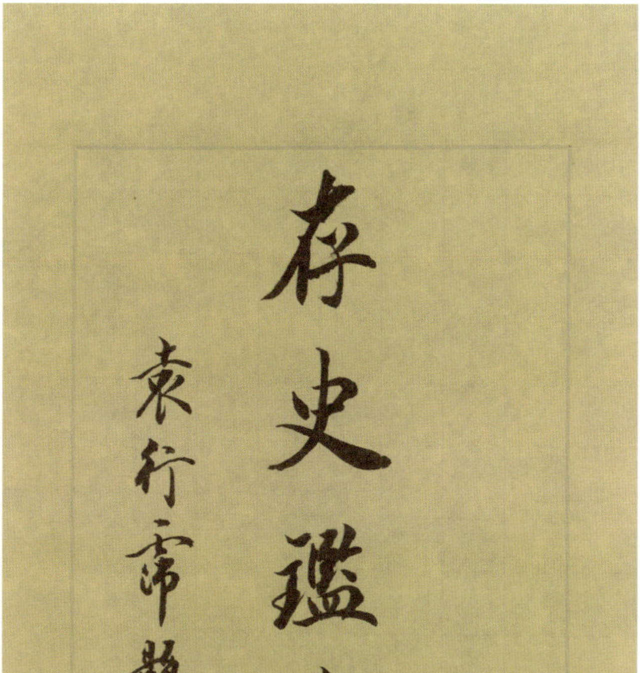

袁行霈先生题辞

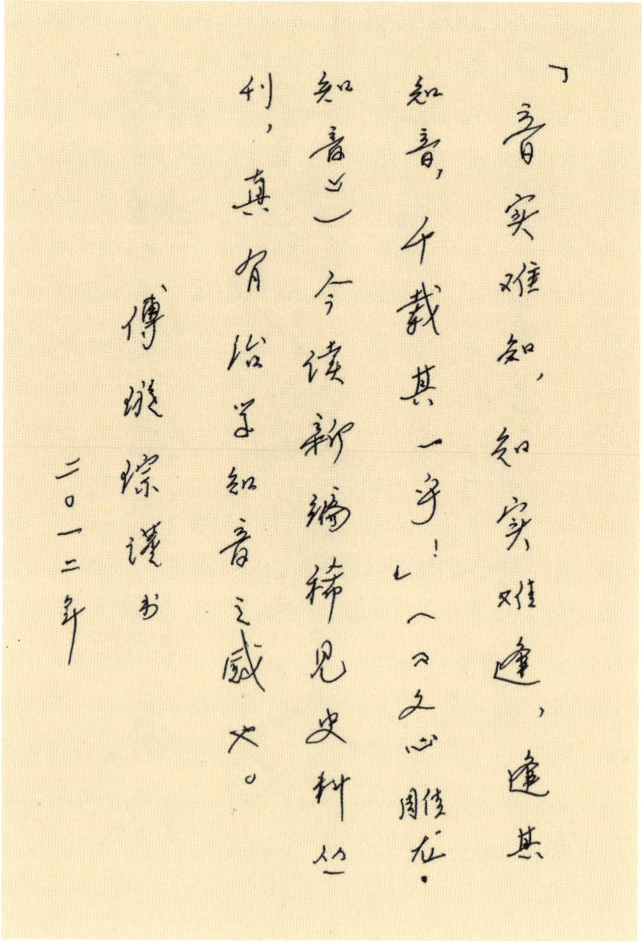

「音实难知，知实难逢，逢其知音，千载其一乎！」（《文心雕龙·知音》）今读新编稀见史料丛刊，真有治学知音之感矣。

傳璇琮谨书

二〇一二年

傅璇琮先生题辞

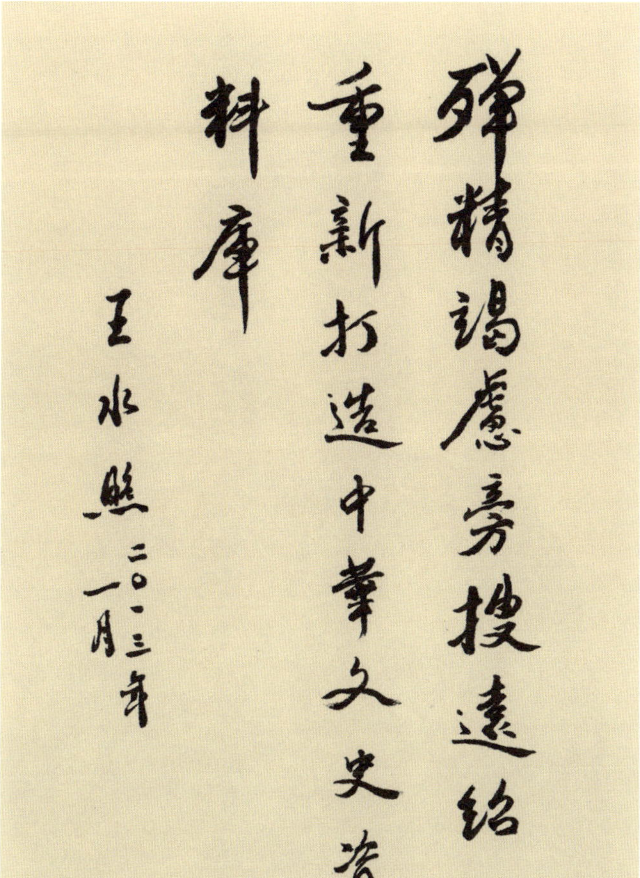

王水照先生题辞

青年时的关赓麟

关赓麟与夫人张祖铭

老年时的关赓麟

祖孙三代

1959年关赓麟生日合影

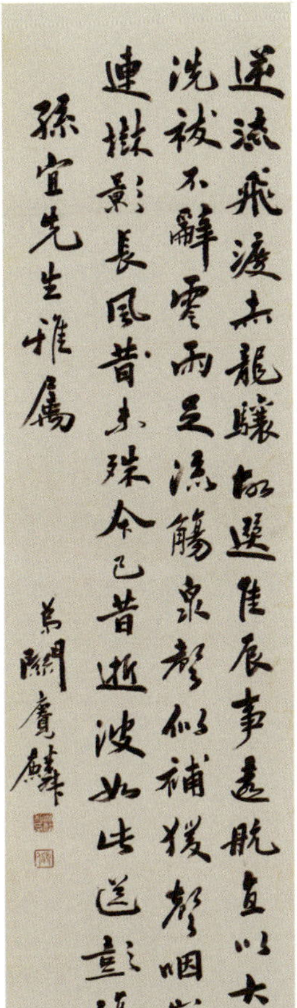

关赓麟书法

《中国近现代稀见史料丛刊》总序

在世界所有的文明中，中华文明也许可说是“唯一从古代存留至今的文明”（罗素《中国问题》）。她绵延不绝、永葆生机的秘诀何在？袁行霈先生做过很好的总结：“和平、和谐、包容、开明、革新、开放，就是回顾中华文明史所得到的主要启示。凡是大体上处于这种状况的时候，文明就繁荣发展，而当与之背离的时候，文明就会减慢发展的速度甚至停滞不前。”（《中华文明的历史启示》，《北京大学学报》2007 年第 1 期）

但我们也要清醒看到，数千年的中华文明带给我们的并不全是积极遗产，其长时段积累而成的生活方式与价值观具有强大的稳定性，使她在应对挑战时所做的必要革新与转变，相比他者往往显得迟缓和沉重。即使是面对佛教这种柔性的文化进入，也是历经数百年之久才使之彻底完成中国化，成为中华文明的一部分；更不用说遭逢“数千年来未有之变局”、“数千年未有之强敌”（李鸿章《筹议海防折》），“数千年未有之巨劫奇变”（陈寅恪《王观堂先生挽词序》）的中国近现代。晚清至今虽历一百六十余年，但是，足以应对当今世界全方位挑战的新型中华文明还没能最终形成，变动和融合仍在进行。1998 年 6 月 17 日，美国三位前总统（布什、卡特、福特）和二十四位前国务卿、前财政部长、前国防部长、前国家安全顾问致信国会称：“中国注定要在 21 世纪中成为一个伟大的经济和政治强国。”（徐中约著《中国近代史》上册第六版英文版序，香港中文大学 2002 年版）即便如此，我们也不能盲目乐观，认为中华文明已经转型成功，相反，中华文明今天面对的挑战更为复杂和严峻。新型的中华文明到底会怎样呈现，又怎样具体表现或作用于政治、经济、文化等层面，人们还在不断探索。这个问题，我们这一代恐怕无法给出答案。但我们坚信，在历史上曾经灿烂辉煌的中华文明必将凤凰浴火，涅槃重生。这既是数千年已经存在的中华文明发展史告诉我们的经验事实，也是所有为中国文化所化之人应有的信念和责任。

不过，对于近现代这一涉及当代中国合法性的重要历史阶段，我们了解得还过于粗线条。她所遗存下来的史料范围广阔，内容复杂，且有数量庞大且富有价值的稀见史料未被发掘和利用，这不仅会影响到我们对这段历史的全面了解和规律性认识，也会影响到今天中国新型文明和现代化建设对它的科学借鉴。有一则印度谚语如是说："骑在树枝上锯树枝的时候，千万不要锯自己骑着的那一根。"那么，就让我们用自己的专业知识与能力，为承载和养育我们的中华文明做一点有益的事情——这是我们编纂这套《中国近现代稀见史料丛刊》的初衷。

书名中的"近现代"，主要指 1840—1949 年这一时段，但上限并非以一标志性的事件一刀切割，可以适当向前延展，然与所指较为宽泛的包含整个清朝的"近代中国"、"晚期中华帝国"又有所区分。将近现代连为一体，并有意淡化起始的界限，是想表达一种历史的整体观。我们观看社会发展变革的波澜，当然要回看波澜如何生，风从何处来；也要看波澜如何扩散，或为涟漪，或为浪涛。个人的生活记录，与大历史相比，更多地显现出生活的连续。变局中的个体，经历的可能是渐变。《丛刊》期望通过整合多种稀见史料，以个体陈述的方式，从生活、文化、风习、人情等多个层面，重现具有连续性的近现代中国社会。

书名中的"稀见"，只是相对而言。因为随着时代与科技的进步，越来越多的珍本秘籍经影印或数字化方式处理后，真身虽仍"稀见"，化身却成为"可见"。但是，高昂的定价、难辨的字迹、未经标点的文本，仍使其处于专业研究的小众阅读状态。况且尚有大量未被影印或数字化的文献，或流传较少，或未被整合，也造成阅读和利用的不便。因此，《丛刊》侧重选择未被纳入电子数据库的文献，尤欢迎整理那些辨识困难、断句费力、裒合不易或是其他具有难度和挑战性的文献，也欢迎整理那些确有价值但被人们习见思维与眼光所遮蔽的文献，在我们看来，这些文献都可属于"稀见"。

书名中的"史料"，不局限于严格意义上的历史学范畴，举凡日记、书信、奏牍、笔记、诗文集、诗话、词话乃至序跋汇编等，只要是某方面能够反映时代政治、经济、文化特色以及人物生平、思想、性情的文献，都在考虑之列。我们的目的，是想以切实的工作，促进处于秘藏、边缘、零散等状态的史料转化为新型的文献，通过一辑、二辑、三辑……这样的累积性整理，自然地呈现出一种规模与气象，与其他已经整理出版的文献相互关联，形成一个丰茂的文献群，从而揭示在宏大的中国近现代叙事背后，还有很多未被打量过的局部、日常与细节；在主流周边或更远处，还有富于变化的细小溪流；甚至在主流中，还有漩涡，在边缘，还有静止之水。近现代中国是大变革、大痛苦的时代，身处变局中的个体接物处事的伸屈、所思所想的起落，藉纸墨得以留存，这是一个时代的个人记录。此中有文学、文化、生活；也时有动乱、战争、革命。我们整理史料，是提供一种俯首细看的方式，或者一种贴近近现代社会和文化的文本。当然，对这些个人印记明显的史料，也要客观地看待其价值，需要与其他史料联系和比照阅读，减少因个人视角、立场或叙述体裁带来的偏差。

知识皆有其价值和魅力，知识分子也应具有价值关怀和理想追求。清人舒位诗云"名士十年无赖贼"(《金谷园故址》)，我们警惕袖手空谈，傲慢指点江山；鲁迅先生诗云"我以我血荐轩辕"(《自题小像》)，我们愿意埋头苦干，逐步趋近理想。我们没有奢望这套《丛刊》产生宏大的效果，只是盼望所做的一切，能融合于前贤时彦所做的贡献之中，共同为中华文明的成功转型，适当"缩短和减轻分娩的痛苦"(马克思《资本论》第一卷第一版序言)。

《丛刊》的编纂，得到了诸多前辈、时贤和出版社的大力扶植。袁行霈先生、傅璇琮先生、王水照先生题辞勖勉，周勋初先生来信鼓励，凤凰出版社姜小青总编辑赋予信任，刘跃进先生还慷慨同意将其列入"中华文学史史料学会"重大规划项目，学界其他友好也多有不同形式的帮助……这些，都增添了我们做好这套《丛刊》的信心。必须一提的是，《丛刊》原拟主编四人（张剑、张晖、徐雁平、彭国忠），每位主编负责一辑，周而复始，滚动发展，原计划由张晖负责第四辑，但他尚未正式投入工作即于 2013 年 3 月 15 日赍志而殁，令人抱恨终天，我们将以兢兢业业的工作表达对他的怀念。

《丛刊》的基本整理方式为简体横排和标点（鼓励必要的校释），以期更广泛地传播知识、更好地服务社会。希望我们的工作，得到更多朋友的理解和支持。

2013 年 4 月 15 日

目　录

序

2017年7月初,孔繁文同志从家乡广东寄来先父关赓麟所著《东游考察学校记》的点校书稿一册,并嘱我为这本即将出版的书写一篇序。

我的祖籍是广东南海吉利乡(今属佛山市禅城区),可我却是1929年生于北京的,从小到大,说一口纯正的京音而不太识粤语,很自然以北京人自居。由于上学、工作都在北京,不大有机会去广州,偶尔去羊城开会,也是会后即返京,很少停留。有时也有顺路去老家看一看的愿望,但故乡显得太陌生了,既无亲朋,也无旧友,总是有些不知所往的感觉。一次在广州开完会,在粤籍同行何镜堂院士的热心陪同下,我去过一次南海,只是看了一下康有为故居,便匆匆北上了。

几年前,我有机会结识了热心的繁文同志。繁文是南海孔家的后人,秉承先辈热爱乡梓的精神,注意乡邦文献的搜集和南海地方文化的研究。他对我老家和先人都有一定的了解。每到北京,他都来寒舍探访,带给我一些先父的著述、书法作品的复印件,甚至赠我以父亲的手迹原件,对我来说当然弥足珍贵。有时繁文也陪同一些老乡来访,当地的艺术家还赠送过我一些反映乡土特色的作品。多年的交往,使我和繁文同志成了亲密的朋友。他交给我的写序任务,虽有困难,我还是答应尽力来写了。

我在家中排行第十,是父亲最小的儿子。我出生那年,父亲49岁,正是他仕途、事业的鼎盛时期。

先父关赓麟,字颖人,出生于光绪六年(1880)。在祖父关蔚煌公(光绪二年丙子科举人,官大埔县教谕)的教导下,他成为一个在儒家文化浸染下“德、才、功”各方面均有较高成就的青年，光绪二十八年(1902)广东乡试考中第14名举人，光绪三十年(1904)甲辰最后一次会试考中二甲第110名进士，授兵部主事。此前，考中举人后便被派往日本考察近代教育工作，在此次历时半年的考察中，他表现得非常负责、认真，不辞劳苦，并每日将所见、所闻、所思做了认真的记录，有时还穿插了一些有感而发的诗作，这便是繁文整理的这本书的由来。

在这之后三年，父亲又有机会在同乡大臣戴鸿慈的率领下进行了一次长达8个月的环球政治考察，大大开阔了眼界，增长了不少有关欧美各国的社会状况的见识。

从此他仕途颇健，先后在辛亥革命后的北京政府的铁路界(曾任京汉铁路局长、汉粤川铁路督办等职)、教育界(曾筹办交通大学，后任校长，并创办了私立铁路大学)开展他的事业。1928年，国民党定都南京，父亲遂赴宁任职铁道部参事以及担任中国交通史编纂委员长。他经常在北平和南京之间奔走，与南方的诗人们建立了“咫社”；同时兼顾着北平的铁路大学(后改称“铁路学院”和“铁路专科学校”)及最兴盛时期的“稊园诗社”(父亲因雅好古典诗学，曾邀集同好成立“寒山诗社”，后改名“稊园诗社”)。各项工作和活动，均得以有序开展。

1937年抗日战争爆发，这是父亲和全家生活大转变的开始。“父母在，不远游，游必有方”，虽时我的祖母年已八十，为避免日寇的骚扰欺凌，仍决定全家南下。原计划全家先赶赴南京，随国民政府转去西南内地，但在天津暂休数日之时(时在英租界较安全)，祖母不适天气暑热而染病，不幸客逝于天津。为了移灵返京以完成与先祖父合葬之礼，经过几个月的操办，南下之路已断绝，全家遂按长幼年龄和情况，分别在天津、北平、上海、重庆等地就读或工作。父亲以不与日寇合作为原则，他在北平原共过事的高官如王揖唐、南京汪伪政府中的陈公博等均多次劝其在南京、北平伪府中挂名任职，均被他严辞拒绝。从此家中完全断绝了经济来源，主要靠将原住宅(即“稊园”)

分割成小部出租;又订出润格,以为殷富人家作墓志或贺辞,写中堂、对联等的微薄收入维持家用。但他的乐观精神和多年的习惯使他仍坚持按期举办“稊园诗社”的诗钟会。虽然来参会者人数已大不如前,但这些古典诗词的爱好者为了在压抑的社会氛围下能获得些许身心的愉悦,均乐于参加。

1945 年日本战败投降后,父亲首先考虑的是全力以赴恢复他长期奋斗所创办的铁路大学,随即邀请了在京的老职工、教师、在社会已有影响的校友们,筹备修理校舍,主办招生考试等具体事宜。他本人则单独前往南京向教育部、铁道部申请复校手续以及必要的经济援助。虽然见到了许多旧同事、老朋友等,但除了表示多年再见的喜悦心情外,很少有单位及个人能给予实质性的帮助。那时他已是 65 岁的老人,旅途劳乏又无功而返,其失望和忿懑的心境可想而知。

父亲对他的子女,是极为民主和宽容的。对他们的学习平时极少督促,至于入哪个学校,学什么专业等,一概不加干涉。对于我的教育,据我的记忆,则连一次严肃的谈话也没有。记得在我年满 18 岁将去大学离家住校时,由于不能常回家见面,临别时只嘱咐了一句“要养成每天记日记的习惯”。我依命记了几个月,感觉不到有何值得记的,便渐渐疏失不记了。但每周末或假日回家探望父亲时,总是见他或手捧线装古书册研读,或执毛笔伏案著文或记日记,且他著文皆以较工整的行书为之,若有不当的字句,也都以同样的笔法改注于旁,决无大笔涂抹之处,可以看出他这时已意识到抗战时以及战后的著述已无精印出版之财力,将来身后或可有付梓刊行之一日。

届至抗战之前,父亲所著诗文著作出版成册的已达十种以上,其中有四种是他和我母亲张夫人合著的。我母亲张祖铭(江苏铜山人,祖父张亮基官至云贵总督)出身书香世家,诗、文、书法均有很高的造诣。他们在四十年的共同生活中,诗文唱和占了很大比重,而子女生活和教育方面的重担都落在了母亲的肩上。但她在六十岁时不幸因病猝然去世,这是对父亲精神上最后也是最大的打击。在他生活的最后二十多年中，心境状态与其前的三十多年是大相径庭的。

解放以后，父亲的诗友们大多已逐渐年迈，不便行动，唱和聚会机会减少，但仍满怀乐观精神，书信往来，时有诗作。父亲被选为中央文史馆馆员，还常有机会与许多老朋友见面，谈文忆旧，聊释孤寂的晚年生活。

我作为最小的儿子，于 1952 年毕业于清华大学并留校任教，总想能为父母尽一些微薄的反哺之责。每次回家总习惯翻阅他的日记，可以得知一周来的实事和心情。他仍旧每日在躺椅上看书或伏案疾书，从无间断，直至生命最后的一天。

父亲于 1962 年 3 月 4 日（阴历正月廿八日），不慎在台阶上跌倒，造成颅内出血，于次日离世，结束了严肃、勤奋的一生。原来兴盛亲密的大家庭从此崩解，不幸中的大幸，是他没亲见其一生苦心经营、收集的书籍文物和最后二十年自己撰写的书稿、手卷等在文革动乱中全部丧失或付之一炬的残酷事实。无法想象，若他亲身经历，该会多么痛苦。

今天我们看到的《东游考察学校记》，是孔繁文同志花费大力整理完成的，嘱我为之写一篇序。这是我第一次得知先父浩繁的著作中还有这样一部青年时代的著作。在年仅 22 岁的青少年时期，在旅途奔波、任务繁忙之余，能挤出时间把它完成，实在不是一般同龄人所能做到的。从那时起约六十年的岁月，他在不同时间、不同环境、不同工作岗位，以及最后极端困难的境况下，始终以负责、乐观的态度追求着自己的人生目标，直至生命的最后一天，这对我确有潜移默化的作用。相信出版之后也将可能在一定程度上影响着其他广大读者。

关肇邺敬识

2017 仲夏

前　言

关赓麟(1880 年 11 月 29 日—1962 年 3 月 4 日),字颖人,广东南海吉利乡(今佛山市禅城区南庄镇)人,北洋时期“交通系”的重要成员,中国铁路建设事业的重要推动者,近代著名诗人、学者、词学家、实业家、教育家。20 世纪 30 年代以后逐渐离开政坛,在北京、南京等地与文人雅士、遗老遗少结诗社,唱和吟咏,并刊刻酬唱诗集,影响甚巨。可惜现在很少受到学界关注,于其生平事迹已鲜有能言者,现详述于下。

关赓麟的父亲关蔚煌,字家瑞,号掞生,道光二十七年十二月三十日生(1848 年 2 月 4 日),卒于民国甲子年十二月二十一日(1925 年 1 月 15 日),光绪二年(1876)举人,曾任广东大埔县训导。撰有《慎独斋七十年谱》,止于民国五年(1916),记载一生经历及家世变迁,对关赓麟等诸子的活动也有较为详细的记述。蔚煌于光绪二年(1876)中本省乡试举人,此后连续八次参加会试均未中。光绪十五年(1889)下第后,应大挑,列二等,以教职注册,铨选给发执照,回籍候选。二十二年(1896)九月,遵海防例加捐大挑本班尽先补用。二十五年(1899)三月选广州府三水县训导,因同府回避,归回避应选班继续候补。直至二十六年(1900)三月选授潮州府大埔县训导,十二月抵任。

关蔚煌一生奔波,或开馆授徒,或受聘书院,始终课读举业。其子关应麟(后供职北京大学英文预科主任、教授)、关庆麟、关赓麟兄弟年纪稍长,多随父读书。光绪二十四年(1898)六月,岁考南海县试案发,关赓麟列第一,其兄关庆麟列第六;广州府试录案,关庆麟第二名，关赓麟第四名；院试取录，关庆麟为南海县第一名，而关赓麟为广州府学第三名。关氏昆仲名列前茅，传为美谈。更重要的是，时任学政、南书房翰林张百熙对关氏兄弟甚是器重。光绪二十六年(1900)，关赓麟与关庆麟再应广州府各属科考，因成绩优秀，兄弟二人一起被咨送广雅书院肄业。二十七年(1901)二月，关庆麟补县学廪生；关赓麟补广州府学廪生。是年，广东举行辛丑补行庚子恩正并科本省乡试，取中 176 名，关赓麟中式第十四名。是科仍用四书文、五经文、策问，试士如旧制。次年，两广总督陶模以办学乏才，选派各属知名士绅前往日本弘文学院学习速成师范，新科举人关赓麟被选中随行。同行 27 人，有番禺胡衍鸿(展堂，后更名汉民)、同邑罗汝楠(号憩堂)等。官费学习结束后，关赓麟又自费游历西京、大阪考察内地学校，次年 1 月始回国。二十九年(1903)，清廷借闱河南开封，元月关赓麟往开封参加会试，报罢，前往上海学习英文。七月，入京应京师大学堂招考，取第一名，拨入仕学馆肄业。十一月，返粤成亲，娶番禺黄埔乡副贡生梁丕荃(驻美公使梁诚弟)之女梁氏，时丕荃以候补通判充驻美公使馆随员。十二月，南海县议办学堂，知县姚绍书(字伯怀)推举关赓麟支持此事。光绪三十年(1904)二月，前往开封参加会试。三月，中式第四十九名进士，此次会试总裁为裕德，副主考为张百熙、陆润庠、戴鸿慈。四月参加殿试，得二甲一百十一名。五月，朝考二等第五十六名，引见以主事用，签分兵部职方司，不久兼武库司行走。按照当时新章，近两科进士应入进士馆，关赓麟以先在仕学馆已届三学期，仍留馆肄业。三十一年(1905)六月，出使大臣戴鸿慈、端方奏调关赓麟为随员，又调其堂弟关葆麟(中科院院士关肇直之父)为英文翻译，十二月随同出洋，经日本前往美洲。三十二年(1906)六月，关赓麟随考察政治大臣入京销差。广东同乡京官筹办旅京学堂，投票公选关赓麟为监学，兼国文教习。九月改订官制，兵部改陆军部，关赓麟从仕学馆毕业，入部供职。不久，新任邮传部尚书张百熙奏调关赓麟到部办事，分文案处内文股帮主稿兼议事处评议员。十一月，因出洋劳绩，奏保以原官无论题选咨留，遇缺即补，奉旨允准。三十三年(1907)四月，邮传部分司办事，关赓麟派充路政司帮主稿，时尚书为岑春煊。七月，由邮传部奏留以原官候补。八月，派署路政司主事。十月，派充路政司官办科科长，时尚书为陈璧。十一月，出使美国、墨西哥、秘鲁大臣伍廷芳奏调关赓麟为三等参赞出洋，旋因邮传部奏准仍留部办事而不果。光绪三十四年(1908)三月，奏补路政司主事。六月，邮传部派关赓麟与湖广总督陈夔龙、湖南巡抚岑春蓂接商派员至长沙会议洙昭铁路事。不久回鄂，复奏派查湖北川汉铁路款项差，七月差竣回京。九月，补路政司郎中，十二月奉派验收汴洛铁路洛桥工程。宣统元年(1909)九月，派兼川粤铁路筹备处办事员。十二月派充铁路总局提调，时尚书为直隶徐世昌。宣统二年(1910)正月，关赓麟以覃恩例得三代正三品封典，本身妻室正四品封典。二月，由邮传部奏转补承政厅佥事，派充本部宪政筹备处股员。五月，赴营口、旅顺、大连、长春、哈尔滨一带调查南满、东清铁路营业方法并吉长铁路商业情形。十一月，以巡视汴洛铁路工程至郑州、洛阳、开封，同时由广东同乡京官公举代表与粤督张鸣岐会商禁赌事于郑州。宣统三年(1911)三月，销铁路总局提调差，专任路政司事。九月，补郎中后三年俸满，例应截取道府，经部以现有要差咨请暂缓。十一月，派充代理京奉铁路总办，未行，改充京汉铁路会办。十二月，由部派往广水与武昌政府代表会议京汉南段通车事宜。

中华民国元年(1912)二月，奉派伴送专使蔡元培赴汉，经沪返京。六月，派充京汉铁路总办。十一月，以办理路事卓著勤劳，由交通部呈准赏给五等嘉禾章。十二月，以功绩卓著，由陆军部呈准赏给四等文虎章。1913年因着有劳绩，由交通部给予一等第二级奖章。1914年十一月，迎双亲就养京师，并买东安门外官豆腐房，点缀花木以娱高年，取“稊米太仓”之义，名曰“稊园”。十二月，以办理公债劳绩卓著，由财政部呈准晋给四等嘉禾章。1915年七月，因肃政史纠弹路员舞弊营私一案，卸京汉铁路局长差，赴平政院质询。年底，平政院以关赓麟于属员舞弊偏听失察呈请交文官高等惩戒委员会依法惩戒。1916年2月，文官高等惩戒委员会议复关赓麟以应受解职处分，奉令解职。遂南归省亲，顺途游览孔林、金焦、苏杭。3月，以办理国内公债出力，由财政部呈准晋给三等嘉禾章。4月，回京。7月，交通部以京汉参案冤抑案内指为亏损公款之车务总管业由法庭宣告无罪，呈请为关赓麟消去惩戒处分，并交部任用，原呈留中。12月，财政部派关赓麟在秘书上行走，兼帮办机要科事宜。旋任交通部路政司司长，兼交通行政讲习所教员、铁路同仁教育会副会长、铁路卫生联合会副会长。后改任交通部参事，历任编译处处长、审定铁路法规会会长、交通史编纂委员会委员、汉粤川铁路督办，同时应聘担任大总统府编书处编纂，晋给二等文虎章、二等大绶嘉禾章、二等宝光嘉禾章。1920年2月，晋给二等大绶宝光嘉禾章。3月，选任第一届交通大学董事，同月，兼任民国交通史编纂委员会会长。9月，派充国际交通审查会会员。12月，帮同筹办交通大学，授给二等嘉禾章。

1922年，关赓麟任北京交通大学校长。1927年，再任交通部参事、汉粤川铁路督办、代理交通部次长。次年，政府南迁南京后，任国民政府铁道部参事，兼交通史编纂委员会委员长。嗣改任业务司司长兼联运处处长，未几，任平汉铁路局局长。后又回部，再任参事、顾问等职。

早在1924年夏，关赓麟创建北京畿辅大学，校址最初在阜成门宫门口内宗帽胡同14号，一年后迁址东城米市大街干面胡同交通部铁路协会旧址。北伐胜利后，定都南京，校名含"畿辅"二字不妥，经董事会议决，于10月10日改名"北平铁路大学"。关赓麟以创办人自任校长；董事长是唐绍仪，副董事长为叶恭绰、杨成晟，名誉董事长熊希龄；董事有王宠惠、郑洪年、梁士诒、马寅初等五十余人。关赓麟因任职交通部佥事，兼充交通史编纂委员会委员长，该校实际由北平工务局华南圭主持，代行校长职权。"七七事变"爆发后，学校被"南满洲铁道株式会社"接收停办。关赓麟坚持拒绝与敌伪合作，保持民族气节。抗战胜利后，关赓麟在多方活动下收回被占校产，复办北平铁路学院，仍任校长。1949 年 3 月，人民政府接收北平铁路学院，师生并入国立北平铁道管理学院。1956 年 6 月，关赓麟被聘为中央文史馆馆员。

关赓麟在近代史上除了对交通事业的重要影响，还留下了大批的诗文著述。其主要著作有《东游考察学校记》《京汉铁路之现在及将来》《对于拟请改订暂行新刑律关于损害铁路各条意见书之商榷》《中国铁路史讲义》和《瀛谈》。并从 20 年代开始长期主持北京的稊园诗社活动。关氏本人著有《稊园诗集》，内有《小园集》1 卷、《南行集》1 卷、《辰巳集》1 卷、《饴乡集》4 卷、《广饴乡集》4 卷、《远志集》2 卷、《盍声集甲集》2 卷、《荒伧集》2 卷、《囊中集》1 卷、《借山楼集》1 卷、《留都集》1 卷、《吾土集》1 卷、《水精如意馆集》1 卷、《盍声集乙集》2 卷等十四种 26 卷，于 1933—1934 年陆续出版。1917 年，关赓麟元配夫人梁氏病逝，续娶继室夫人张祖铭，字织云，为清末名臣张亮基之孙女，清末民初女诗人，著有《琴风馆诗钞》(见《清闺秀艺文略》)。其中《稊园诗集》中之《饴乡集》4 卷，共收入 113 首诗，其实是关、张伉俪二人的唱和之作。夏敬观《忍古楼词话》称："颖人记闻最博，聚集朋辈于稊园为诗钟会，每会辄冠其曹。夫人张织云亦工吟咏，有《饴乡集》4 卷，为其夫妇唱和之作。"即言此事。此外，关赓麟还编印了很多同人唱和诗集，如《寒山社诗钟选甲集》5 卷(1914 年铅印本)、《寒山社诗钟选乙集》9 卷(1915 年铅印本)、《寒山社诗钟选丙集》6 卷(1919 年铅印本)、《稊园二百次大会诗选》《乙丑江亭修禊分韵诗存》不分卷(1925 年铅印本)、《莫愁湖修禊诗》(1 册，1933 年铅印本)、《甲戌新年团拜清溪稊园两社联合举行外课专刊》(1 册，1934 年铅印本)、《清溪诗社诗钞第一辑》不分卷(1 册，1936 年南京中国仿古印书局印，铅印本)、《折枝吟》(民国间印，线装铅印本)、《稊园诗社同人名录》(1950 年印，线装油印本)、《咫社词钞》(1951、1953 年印，线装油印本，2 册)、《稊园吟集甲稿》(1955 年印，线装油印本，2 册)、

《京师大学堂同人酬唱初稿》(油印本,1958 年)、《稊园癸卯吟集未定稿》(1963 年印,线装油印本,1 册)等。

《东游考察学校记》是关赓麟著作中有关教育思想理念的代表作品。光绪二十八年(1902)五月,时任两广总督的陶模(1835—1902)派遣关赓麟等二十七名学子前往日本弘文学院速成师范科,“考察外国各学堂规模制度及一切管理教授之法”,“回国后分别派入学务处暨各学堂办事”[①],六个月毕业。然而自出发之时,关赓麟即已感知此六个月难以取得成效,因而把这趟留学之旅作为在日本考察学校学务与教育制度的旅程,并于毕业后再多考察一个月方才回国,并把自己的经历与考察所得撰成《东游考察学校记》。《东游考察学校记》6 卷,本为关赓麟此次在日期间七个月的日记,记事从五月初八日(6 月 13 日)确定东游日本起,至十二月二十二日(1903 年 1 月 20 日)向督抚呈交《学校图说》为止,内容包括东游期间发生的各项事务以及考察各学校的经过。在此七个月内,他考察了日本各地大、中、小学及其附属机构共七十余所,另外还有东京上野帝国博物馆等“考察教谕最要之场所”十一所,所过之处无不详细记录学校设施、规模制度等,撰成《参观学校图说》等呈交师友。而作为此次东游记录的日记,则在回国后整理,编为此书,于光绪二十九年(1903)付梓刊刻。

20 世纪初清廷改书院、设学堂诏令颁行后,留日速成师范之风大盛,关赓麟是其中的佼佼者,然而他也深悟其中弊端,缺乏必要的语言(特别是日语)与普通科学训练,且时间仅为半年,因而不会取得成功。然而期间考察日本学校学制、接受近代教育理论所得,以及对中国传统教育与改革的总结与思考,成为关赓麟以后任交通大学(今上海交通大学)校长、北平铁路学院校长等职的理论准备。作为关赓麟教育思想理念的重要一环,同时也是近代有志之士对中国教育的总结与思考的代表之一,《东游考察学校记》一书整理出版的价值自

---

① (清)张之洞等:《奏定学堂章程》。

不待言。

《东游考察学校记》原文为繁体字，今次整理转化成简体字并作了校止。由于整理者水平有限，舛误或有难免，敬请读者批评指正。

在本书编辑校点和搜集资料过程中，得到佛山市岭南美术实验中学、禅城区南庄镇吉利村委会的大力支持；中国工程院院士、清华大学博士生导师关肇邺教授、中国社会科学院近代史研究所马忠文研究员、北京大学历史系韩策博士、禅城区南庄镇人民政府镇长陈辅明先生、常务副镇长罗永祥先生、吉利村党委书记关锦长先生，或提供资料、图片，或审读文稿等，提供无私的指导和帮助。特别感谢凤凰出版社樊昕先生为本书的编辑和出版付出的辛勤劳动。此次整理的《东游考察学校记》只是关赓麟多种著作中的一种，对关氏诗文集、书札等的整理工作也将逐步展开。相信在各方的支持帮助下，在不久的将来，《关赓麟全集》将会整理编辑出版。

序

光绪二十有八年夏五月，大府以速成师范征关君颖人偕诸志士学于日本东京。既六阅月卒业，而颖人独为西京游。冬十二月归，出所为日记以示余，曰："所谓速成师范者，必尝有事于普通学，而后以数月之功专求之，非漫然而为之也。吾自戒途，即知六月之学无效，而因以游历内地，考察学校，为所以归报大府之意，敢条之日记，盍序焉。"昔者朝廷谕使官撰日记呈报，以觇敌情，迄于今，纪外之日记夥矣，一二典丽，间亦详言彼国之得失，其余大都具文。意之所注于其国之学制，专研而参观之，矧有出自游学诸生如颖人者哉？颖人东游，肄于弘文学院，为彼国高等师范校长嘉纳治五郎所创，而馆吾留学诸生者也。自三年以来，吾国东渡游学者日益众，彼国政府谋所以干吾国教育者无不至焉。海内之士见日本取法泰西，骤致富强，又以其与吾同文，俗近而情洽，地迩而费省也，于是以取法泰西之效，而期之日本。呜呼！彼伊藤、井上诸勋，非即麑岛、马关战后而留学欧美之学子乎？宜吾国之慕之也。然吾思之，天下事得其形式，而遗其精神者，不惟无效而已，适以误国。吾独不慕乎意大利乎？意大利假外援而兴，是外援可假也，波兰何以假之而亡？吾独不慕乎俄罗斯乎？俄罗斯用外人而治，是外人可用也，埃及何以用之而衰？吾慕日本，吾独不见墨西哥乎？日本步西法而日强，是西法可步也，墨西哥何以步美制而无效？夫同一道也，而得失之相去甚远。岂不以嘉富洱之牵法以利，非若斯达尼剌之授俄以权也；大彼得之易服游学，非若威斯明流之心醉欧风也；睦仁之公决万几，收复权利，非若义都尔北达之疆界未定，诸部内讧也？然则其精神异也。吾闻颖人述嘉纳氏之言矣，曰："既有自谦之心，又须有自负之心，使举国皆以吾国为可以大有为，而后民气始奋。"是说也，吾深味之。昔者日本输入我国唐时之文物也，则有和魂汉才之记焉，其输入泰西近世之文物也，则又有和胆洋器之说焉，谓虽服外国之形式，而犹不离吾本国之精神也。是故嘉纳氏之言曰："一、当使人学中国所有而必不可少之学；二、当使人学中国所无而出于泰西之学。"是说也，吾尤深味之。呜呼！自井上倡国粹保存之义，西园倡文明输入之义，两派之争，于今十年。译嘉纳之言，则由冲激而至于汇通，可信然也。颖人游，与彼都人士相接，归能述其所见，以告天下，天下读是编而将有兴也。抑吾又痛焉！痛乎颖人之言曰："游学宗旨，当以自爱报国为体，忍辱不校为用。"夫游学而至于忍辱，则所辱者非一身之故，而一国之故矣。一国之故，当合一国之人以忍之。合一国之人以忍之，则当合一国之人之自爱，以报一国之人之辱。呜呼！斯非吾国大有可为，由忍辱之一念而起者乎？吾颖人勉之！吾四万万人勉之！而吾愿共勉之也。顺德黄纯熙叙。

举例

一、是书本壬寅纪事之数卷，以事质言，颜曰"东游"，而更名曰"东游考察学校记"者，纪事其外部，考察学校其内容也。

一、余自成童，日必有记，十一年于此矣，不以东游而始著，徒以同人从臾，刊馈亲友，故抽出付剞。其中体例，因仍旧记，颇觉其创不能以此易彼，姑如之。

一、壬寅岁中，为吾国学生历史发达之枢纽，数月以来，学潮层兴，是非纷如，公论之归，是在后日。风闻所记，或非足凭，而削草太促，亦遂不及更改。

颖人识。

卷　一

光绪二十八年，即西历一千九百有二年，日本明治三十五年。

起五月初八日，即西历六月十三号，日本六月十三日。

丁卯，晴。东游之局既定，早，进城访沈雁潭太守赞清于督署，具帖领出川赀六十圆，并纳保结单。胡展堂同年衍鸿定讲习会学约四章。午后，展堂与余偕范季馨优贡公说、罗憩棠上舍汝楠、李叔兰茂才文榘、沈养源茂才诵清往赴府尊龚仙洲太守心湛之招，饮于署中，并邀雁潭太守相陪。晚，访吕吉莑茂才调元，留宿。

戊辰，晴。是日，大府遣雁潭太守之弟熙男大令颋清先往香港料理一切。午，往亲友处辞行。夜，韦朝选上舍兆栋饯饮于丛漱园，同席卢浦云孝廉元栋、区仲掖茂才家璇、罗亦璋茂才玉珍、罗雪圃茂才文亮。

己巳，来复日，晴。早，吉莑以诗四章赠行，与邓子鹏茂才士骐、张秀文茂才仕俊、陆撰可茂才殿隆，饯饮于一品升酒楼。午，摒挡行李。晚，同人先移居长发栈。

庚午，晴。早，附轮往港，同行者自六人外，番禺谢谷庄茂才祖诒、陶叔颖司马敦勉、彭慎三茂才金铭、沈孝芬茂才藻清、詹谷仁茂才宪慈、蒋杝谙上舍禹廷、陈仲庄茂才懋功、周惠生茂才祥鸾、姚韵笙茂才礼镛，香山杨季良孝廉玉衔，归善陈履谙上舍廷泰，东莞朱介如茂才念慈、张镜溪茂才淦光、李飏初茂才浚枢，鹤山冯筱舟茂才梁，四会区斌贻茂才乃琮，江苏阳湖刘伯中国学勋承、庄炳瀚茂才达，别有番禺周庆笙茂才起凤先往日本，而鹤山冯鸿若茂才博、易辅臣上舍廷元尚未至，凡二十有七人。庄君炳瀚则自备资斧者也。三打钟抵港，乃知所定广岛丸已于(日本)[本日]开行，议改由日本丸去。入栈，与憩棠、叔兰同寓。出访周升云孝廉子元，与孝芬论游学之宗旨，谓当以自爱报国为体，而以通变达权、忍辱不校为用。

辛未，晴。熙男到。议定日本丸船位，惟此船乃往檀香山、旧金山者，例须熏衣服以硫黄若士颠，并有裸浴印验之苛禁。同人以辱身伤国体抗议者甚众。熙男力任其难，往返与船主争辩，唇焦踵茧，乃允一切改从宽恕。然季良、季馨、杝谙、慎三、履谙、介如、惠生、仲庄、谷庄仍别附备后丸去。下午，寄第一号回粤信。夜，步游市中。

壬申，晴。早，升云到送行。检行李，坐小火轮往熏洗船听候。约两打钟之久，美医生乃来，但视诸人一周，只开一竹箱，即令下船，此亦委员之力也。既登船，医生覆诊手脉。至孝芬，试其热过度，令之返。相顾惘然，莫可为计。船上黎君高与憩棠相识，招呼坐船面之舱。同房者展堂、叔兰、斌贻、叔颖、镜溪。房内燃电灯，镜具、盘匜之属甚备。此船广七丈余，长七十余丈，坚固异常，故极镇定。桅圆围七尺，高十五六丈，以备后丸比之，不啻寻常矣。十二打钟一刻，开行。十二打半钟，食午餐。夜五打钟，晚餐。均洋餐，有牛、羊、豕、薯子可食，大嚼而已。是日，行船甚定，在船面步行，察其海线之法。

癸酉，晴。早，改食华人饭式。七打钟，早餐。九打钟，换船票。过汕头，出福州口，经厦门。十一打钟，吃糖豆粥。三打钟，晚餐。华饭殊不可口也。夜，过宁波海口。

甲戌，望，晴。早，七打钟，用饭。船主到各房查验，且视侍者之勤惰与否。闻今日六打钟可抵上海，真迅捷也。午，吃白菜脯粥。船上水夫日本人，有能通汉文者，与之笔谈。同人间与围棋，西人聚观，博胜负为乐。微雨。五打钟，用洋餐。凡华饭率先洋餐一点许钟。船至此，因风大，水道浅，停不进。是日，最为簸动，余亦坚卧，午略睡少时，幸不晕吐。夜，雨大下，复前行。

乙亥，霁。早，七打钟，船抵吴淞口停止。有法医生到验，每人但望一周，有所疑，挥令举手，逆刺其乳上及两胁凡四，寻复令众俱行走其前即已。盖头等客舱医生望而不验，三等客则挥斥喝逐加苛焉，二等其稍存体面者也。九打钟，有公司小轮到接登岸，时风极大，天色阴沉。登舟则风势顿杀，而雨随大降，衣履皆湿。约一打钟有半，乃抵码头，时即告晴。与展堂、筱舟、斌贻、叔兰往招商局，访紫明叔及寿平叔，并见葆及菁、荇、溥诸弟，在紫明叔家饭。发第二号回粤信。家均笙孝廉文彬至，适闻其昨夜得一子，为之道贺。与均笙同出游大马路，浏览风景。拟到南洋公学，而限于刻，不果。回小轮，适四打钟。均笙与香泉茂才文湛偕其弟盛芝文郁到送行。五打钟开。此小轮甚大且速，破浪如飞，往来不取价值也。小雨，复止。七打钟，用饭。九打钟，复转轮东发。是晚风浪绝大。得七言古风一首："海云漠漠波涛雄，奔轮直走扶桑东。有如万马快入阵，又似鹏翮驱长风。惊雷上激浪花白，电光下澈潜渊红。远山微茫青一发，长波催沓迷双瞳。忽然破空风转急，飞湍怒溅船间湿。玻璃窗外不住鸣，海气漫蒸雨横入。此时栗栗临重洋，坐者起立立者忙。四顾苍茫渺无岸，天青水黑知何方。岂知船体如张翼，运汽能当千马力。种桅廿丈入云高，縋线一丝悬海直。帆船隐隐天际浮，海岛回翔飞未休。舟人自笑浪自涌，驶船如叶垂横流。昨宵天气沈霾久，但闻雨怒兼风吼。梦中惊起闻喧呼，夜来已抵吴淞口。"追纪词也。

丙子，来复日，阴。船身簸荡不定，余坚卧半日不能起，胸际作痒，颇疑欲吐而强力制之，未若径情吐之为愈也，然终不敢吐。停两餐。夜，少定，乃敢一饭，以须下舱始至餐房，殊不便也。觉寒，床中有绒毡一，花布单被一而已，不必自开被褥，故御严寒不足。床中有救命浮水带，船上榜示咸知。

丁丑，早大雨。七打钟，抵长崎。有日医生到，查验一周。时晓雨未歇，浓烟宿雾中，两岸远山苍翠欲滴。船上方运煤，搬取者半杂女工，其风俗然也。雨少歇，楼台隐现，林木森蔚，远近小舟如鲫。饭竟，雇一小舟登岸，价人一角许。而沿途泥泞不堪，诘警察得中国理事官署所，入谒领事邹筱郇大令振清，及翻译香山唐君秀丰宝锷。出游沿海一带，则飞桥凌空，内港出焉，桥二，一曰松枝，一曰辨天。港内小船白篷绿波，曲折入画。仰望高峰，出乎其上，意所谓“笠头山”者也。纵步久之，仍回领事署谈，留午饭。问知本地人约十四万，中国人只数百，理事甚简云。三打钟后，仍雇小船回船上。八打钟，启行。是日微咳。

戊寅，晴，有风。过马关，有医生到船点名。午，同船有日本游学美国生，佐贺县人干布勇者，年裁二十，笔谈甚欢，此行拟十年乃归，可谓有志士，同人颂以齐名伊藤，彼以伊藤不德，非本国巨人为辞。自谓本国现无巨人，所期望甚远。盖彼中进步党人自命，类如是也。自书所持扇。晌后，学日文字母。晚，八打钟，泊神户。是处内港不遥，两岸相望，小舟夜集，视长崎为盛焉。小雨。

己卯，晴。神户医生到点名。饭后咳未止。登岸至领事署，访领事蔡咏南勋及翻译香山王君绍贤。此处地方宽敞，花木秀荫，远过长崎。华人约千余。王君同往观支那商务话所，盖广、肇商人聚议处也。内外悉仿洋式，轩括洞达。继至同文小学校，晤校长南海钟君卓东龄，教习何君擎一天柱、陈君秀峰、冯君挺之翼年、苏君荫棠汝湘，书记蒙君铿石。校为华商合资所创建，始于光绪二十五年，至二十七年工竣。校中设校长一人，中文教员二人，英文教员二人，日文教员一人，体操、图画各一人。东人川上丈二，日文教员也。每年于孔子诞日举来年新值理，凡三十三人，而以前文部大臣犬养毅为名誉校长。钟君导观各室，其规制悉仿日本小学，浴室、卧房、厕房均臻整善，其教室尚有未善之处，限于地不能更也。学科分为高等、寻常两种，高等科目为修身、文学、作文、习字、算术、日文、英文、外国地理、外国历史、体操，其预备科为理科、图画、诵诗；寻常科目为修身、读书、作文、习字、算术、体操，其预备科为中国地理、中国历史、图画、诵诗；皆以四年为卒业。校中区别男女，女子亦分两班教授。大约年得二百二十六日，每一来复得三十六时。其学费高等小学每季六圆，寻常小学每季三圆五角，英文夜习每月二圆，日文夜学每月二圆，寄宿者月收房火费二圆，不寄宿者月小费三角，膳金但一食月费二圆五角。凡高等卒业生，可由本校荐入日本各校。现男生百十五人，女生十余人。此校竭力模仿日本小学，且能时时改良，固足观也。谈久，回领事署少坐，托其发电往东京吴稚晖孝廉敬恒。复往观幼稚园，时方小假，见其保姆，与之笔谈，问园中大略。保姆凡六，曰榎本当、曰中村松、曰玉生和季、曰户田复子、曰桶口渝高、曰池田嘉善。室中陈设戏具、开诱之物甚夥。每日教之凡四时，现有幼孩百二十人云。访李君叔厚于恒昌行。庄君由此径坐火车往横滨。返，仍雇锐首小船回。三打钟启行，千布君复到谈。千布君之意主张民权而力戒嚣张，谓伊藤不如大隈，大隈且胜板垣，板垣近已不言自由，即日之政党亦多不德之势力，其精神不足道。又谓中国欲事兴发，宜先谋政权之统一、言语之统一，且于各处遍设小学校，实为下手工夫也。又畅谭女子教育事甚悉。船主点名收船票。夜，风浪甚汹涌，连日虽时遇簸动，而每夜必能安睡，亦甚幸也。

庚辰，晴。检行具。船上司事索置行李租费，凡七元五角。一打钟，抵横滨。码头填至海心，筑岸夹如弯臂。医生至，按脉遍。乃作拢岸计。此时江苏陆君仲芳世芬、钱君念慈承志持吴君止欺振麟之函，以小火轮来迎，相见欣洽。近岸，驳小舟登。季良、杝谙等已先两日至，迎于岸侧。入旅具检查所，看开视行李，三数即已。同住客栈高野屋（横埠以此栈为第一，担任招待留学生最加意焉）。是处街道宽洁，垂柳成阴。至栈，则脱屦户外，袜而进。自户以内皆板，房间则加席，离地尺许，久坐亦有地气。时季良等居长野屋，议并迁行李，同入新桥，而庄君未至，乃留鸿若、伯中待之。馆中有电灯，有电话，四壁图书、熏炉、茶鼎皆有古意，木几、竹屏仿佛画里。佣工多日妇也。会六打钟二十分之火车开行，先买票，一等位八十五钱。日本以金磅为本位，故每银一角，命曰十钱也。行李则交旅馆代运。闻凡例一等客许带行李百斤，二等客六十斤，三等客三十斤，多十磅须加六钱。

此自横滨入东京则然，若自神户入东京每一磅须加五钱矣。票上印横滨、新桥及一等银数、通用期限字样，及每日之号数，分为白蓝红三色，以示差。至车站，适将开矣。守者验票，以剪龁少许为记。登车即发。初行甚缓，后乃忽速忽缓。停凡六站，一神奈川、二鹤见、三川崎、四大森、五品川、六新桥。车中有警机，章程甚备。一等位约可坐十二人，甚宽敞。路上经行田野、度越河面甚多。过水上，以铁为桥，上横以木，而铁轨纵其上。此去多平阳，未见有穿山者。日人店铺名曰友其嘢头，多以铁为大字，涂以白油，高悬树颠，或着篱落，又有作人形兽嘴，种种形色者，盖如粤之街招幌子然。到站，至火车场收票。是处人声鼎沸。夜亦已深，留学生湖南胡君禹仁尔霖、香山苏君墨斋维翰及庆生到接。少坐片刻，行李陆续已到。分十六人往松元旅亭下宿，雇小车行数里乃至。其六人则馆于峡阳馆。是晚饥甚，馆中食饭从日俗，各盘膝坐，人各一矮桌，桌各二荤，乃猪肉、鸡旦之属，其一旁或盐萝卜，或酱瓜，或糖蚕豆，或姜，此为较丰者矣，斗饭于中。日妇佣者以盘置碗，跽而进，受碗献茶，靡不跽者。此辈佣妇价昂者月四五元，贱者一二元即可雇。晚，学院监督大久保高明到见，两手握膝曲躬为礼，复各一握手，以表亲至焉。席地睡，倦甚。

辛巳。早起，已饭时。大抵俗皆三餐，与船上时刻相仿。出访峡阳馆诸人。时展堂等往见公使，聚议良久。回旅亭，雇车至弘文学院。此嘉纳氏所教之地，各省所派讲习速成师范生所习处也。前临一水，旁夹树阴，短径疏篱，曲折相间。至胡、苏二君自习室坐，晤曾君志忞泽霖。小雨，闻嘉纳君至此，候久不至。午饭后，雨大降，庄君与大久保君等先后至。晚饭后，雇车至外塾。此在弘文学院为第三外塾，花木清幽，廊回路曲，小雨如线，足移人情。傍暮，嘉纳君乃至。其人方面浓髯，道味盎然，温霭可亲。苏君墨斋在傍为译，嘉纳君言："中国开化为各国之先，而今日反居各国之后。教育为中国最急之务，则诸君所有为最大之责任。"又云"日本文化旧自中国而来，今进步稍先，自宜输还中国教化，以报畴昔之谊。各教育家闻中国此次派人来举行速成师范，皆为欣喜，惟名教育家不易延致，今请平田芳太郎明日到讲”云。夜深，稚晖乃到坐，与展堂、斌贻同房。九打钟睡。学校中起睡皆有时刻，至九打钟撤灯去，易一暗灯，虽欲不睡，不能也。

壬午，雨甚。饭后，寄信紫明叔、伯振兄。又发第三号寄粤信。大久保氏偕平田氏到见。此处佣者皆日人，装束类僧，无女佣者。早起必摇铃为号，早、午、晚餐皆然。午，雨少止。大久保言学生皆浴温汤，监督自可浴水。盖南人不接地气，恐有脚患，故许用温泉，然早晚盥面概用冷水也。晚，金湘帆茂才曾澄、王庄持茂才体端到坐。凡寄宿舍，每晚舍监点名乃寝。点名者，监督至各一点首，以次举数，以观学生之毕在与否，法至严也。平田初见时言：“鄙人虽无学，然苟有益于诸君之希望，无不尽力。”与嘉纳初见之言正同。又言：“今日本即开讲，恐诸君舟车劳顿，俟来复后一日始举行。”故是日未演讲。

癸未，日曜日，即礼拜日。东人以日、月、火、水、木、金、土计日，七日而一周。考日月五星纪日之法盖始迦太基，不知日本何时仿之也。六打半钟，摇铃唤起，雨甚。七打钟，饭。午，雨。是日中国留学生公会演说于锦辉馆，在峡阳馆之前，冒雨往听。时熊君慕渠、马君君武、戢君元成翼翚以次演说，盖办花县汤君修来时敏招女子入会馆事。是会为经莲珊太守元善所倡，故公请太守临观焉。到者三百许人。人散各饷茶饵，乃归。顺德马君君典肇禋到坐。修公致龚太尊函。平田本以教师兼学监，是晚定章程二十一条，并定明早八打钟至十打钟课日文。夜，颇寒，睡必棉被乃可。

甲申，微雨。译者未得其人，故仍未开课。饭后，雨少止。此处饭食悉由弘文学院备，以车运至。自昨日始备几案，乃不由日人席地之礼。午后，霁。修公致粤督陶制军函。傍莫，以开课无期，公致嘉纳先生一函促之。出往九段劝业场游观，返已夜深。

乙酉，微雨。本处无日不雨，然必早雨晚晴，且甚小不大下也。早，始行早起致敬礼，各一点名鞠躬。平田复申说章程与所以宜洁净之(致)[故],各予《弘文学院章程》一本。午,定课期时刻表,为:午前六时起床,六时三十分行礼,七时朝食,八时至十二时自修,正午中食,午后一时十分至五时授业,六时夕食,五时三十分至九时入浴,九时三十分行礼,十时消灯。连日所见办法,种种支格,与初时宗旨绝舛,甚以为闷。午食后,仍微雨。平田氏偕往九段坂下日本体育会场。时路上泥泞异常,见嘉纳先生,为言"无地可假,姑借此地。未习教育,先课东文"。因见波多野贞之助君及安藤正次君,将使波君教授,而以平田佐之,安藤教言语云。是日安藤氏教字母五十音及浊音、半浊音,以次反问。约二时乃散。夜,平田申说课期时刻之意,又言:"体操为将来中国体育之本,亦师范所有之责任。"余来时,乡人尚有以易服为疑者,余谓:入学非体操不可,而体操非易服不可,学校制服本为公物,无所谓变,特与洋服为近耳。彼得、伊藤易服变法,以图保国,贤者且为,况其学制耶?昔者君子言之,君子之学也,博其服也。

丙戌,雨。早饭后,习字母。午,始放薄晴,入东以来所未见也。南海冯君稚猷懋龙及鹤山冯君自强到谈。往体育会场,听安藤氏教平假名书法及拨音。回,孝芬忽至,知其附他轮,只身远至,殊喜。晚,校中遣匠人量度身材,以制学服。

丁亥,阴。早,自习。次,平田氏讲世界文学之种异及发音之法。午,雨。往体育会场教室,听安藤氏教拗音及数字等杂语,并言:"诸君以速成为宗旨,故所授从速。"回,雨甚大。晚,咳逾甚。平田氏更申说学中靧面不得用热汤,余至此俱盥冷水,惟天气甚冷,有似冬深,殊难堪也。夜,雨。

戊子,大雨。平田续论发音法。午,转晴,竟日暄燠。往听安藤教序次时刻等杂语。闻将以六月三日与两湖师范生合班演讲教育学,其程度相悬、未能合一者,则分班云。晚,往游饭田区书肆。

六月己丑,朔,晴。发寄粤第四号信。平田续讲发音。午,往听安藤氏教四季、方向、天文等杂语。此时求速成,应教东文,而顾学东语，殊无谓也。往清国留学生会馆阅章程，同人皆列名入会乃返。此处书肆新出之书极夥，惜囊无多赀，不能捆载返也。夜，湖北监督委员双君寿到坐。

庚寅，日曜日，晴。 寄卓凡叔及四妹各一函，又朝选一函。午，出行，遍观书肆。热甚。夜，平田定改良课时，割表为午前五时三十分起床，六时行礼，六时三十分朝食，七时往校，十二时在校中食，午后三时三十分课毕，四时至七时入浴，七时至九时自修，九时十分行礼，九时三十分消灯。其教授日次每日六时，为：月曜日日语二时，教育四时；火曜日日语上二时，教育下二时；水曜日教育上二时，日语下三时；木曜日日语上二时，教育下四时；金曜日日语上三时，教育中二时；土曜日教育四时。

辛卯，晴。 早起。饭后同往弘文学院，以路远，坐火车至牛込区。二等位不过二钱，三等位则一钱耳。是日与湖北、湖南、江苏三省人合班，凡八十人，延范君静生源濂为翻译。余等先就安藤氏学日语。少顷，乃悉集听讲，为笔记。平田氏讲师范学校，为第一课师范教育之必要，第二课日本师范教育之历史。午后，山路一游氏讲教育与国家之关系、日本汉学之传来及西洋文物之传来。范君译语甚佳，且能陶炼而出以酝藉，于本旨转增发明。班次湖北在前，湖南次之，广东次之，江苏为后。三打钟讲毕，散出。是日路径僻处有日人三五，相遇，后者几欲殴击，嘉纳鉴此，恐歹人伤害，遣东人小野宽朝夕护送上学焉。学院至外塾约五里许，往返虽不大乏，然费时实多也。归而雨下，幸不大。晚，觉甚疲，精神苦困，脑力不继，自习之时刻太少，皆可怅怅。然则速成之云，非省学业，乃省时日也。

壬辰，小暑，晴。 早，饭。到院，听安藤氏教日语身体、文具等杂语，大抵比寻常学语者课倍三四，记诵颇苦，然为速成计，不得不尔也。庆生为言："嘉纳氏将往中国考察学校，同人议公饯之，叩其宗旨。"饭后，一打钟，波多野氏到讲，先言教育之原理，一普通教育与职业教育之区别及其关系。

癸巳，晴。 早，往院听演讲。是日本延稻村氏，未至，大久保氏先讲体育。既午，稻村不来，以各教习均未豫备，免下半日课。回，同往南明馆劝业场，观所列器物。此处较九段为大。会芳楼者，南海曾某所启。粤商无几家，日人食物更不足观也。登此小憩。

甲午，晴。 早，往院听安藤授日语，兼教读串文。雨大下。午，波多野氏讲学校之系统，又分论职业之主义。是日仍四省合班。雨久不止，雇车回塾。

乙未，晴。 早，赴院。闻今日改定割表。先讲教育，故至讲室俟之。山路氏至，演讲学校之制度，一学校之种类及系统。听安藤教串语。下午免课，归塾。是日改定之割表为：月曜日上二时教育，中二时日语；火曜日上四时教育，下二时日语；水曜日上二时教育，下二时日语；木曜日上四时教育，第五时日语；金曜日第一四时教育，二三时日语；土曜日上三时教育，第四时日语。

丙申，晴。 早，往院。迩日菜饭既薄，而饭且馊不可忍，众不能下咽，因罢食。学监乃告校长，商所以戒厨役者。日人之苦淡，移以尝之中国，已不可堪，乃其会计者竟有刻扣，服役者又增顽诈，殊可恶也。听波多野氏演讲学校所以必由合而后能分之故，言合贫富为一校有三原因：一社会的，二心理的，三国民教育者之位置。又论反对各原因。时雨少止。山路氏续讲学校之制度。将午，听安藤氏教串语，即归。庆生以讲义嘱令窜改，为点正还之。莫，出访陆君仲芳于峡阳馆。回，遇伊东四郎，执手立谈。彼尝学北京语，现任陆军中尉。是日颁制服，帽一，领二，衣内外四，袴内外四，雨衣一，雨帽一，皮鞋一。

丁酉，晴，日曜。 饭后，与展堂、叔兰、镜溪、憩棠等往牛込区成城学校，访马君君典。此校本私立之地，而规模闳敞。初入，为日本学生住房及其教室、操场，有化学实验所、化学器械室；再进，则空地高坡，弥望无际，为学生操所。随至中国学生自习室。与东莞王庄持茂才体端、香山刘君存斋学诚等晤语。君典导观各室。其自习室纵可丈有二尺,(衡)[横]丈有二尺,每室八人,各有几案,不必获地。其寝室则或八人,或六人、四人,皆有榻具及木柜,可储衣物,且有余空者,榻上毡被悉备。寝室之次有憩所,别购物所,以供应学生取用之物,尽高邃明洁。次至其教室,分为八所,乃第一至第七班,班各一室,第八教室则有盖之操场,为阴雨体操之预备也。此中中国生凡百六十余人,日本学生约九百余人云。惜以日曜,房室多扃闭,不克遍观。闻日生之五年卒业者,我国学生仅一年有半,盖速成也。日生分为中学、高等二科。中学科五年毕业,其课目为修身、国文及汉文、外国语、地理及历史、数学、博物、化学、习字、图画、兵式、体操、军事教范;高等科一年毕业,其课目为国语及汉文、外国语、数学、兵式、体操、军事教范。吾国学生课目为日语、英文、算学、地理、历史、物理、化学、生理、卫生、图画、军事教范、体操。其授业料,日生月纳金一圆三十钱,教场费金十钱;中国学生月纳金二十五圆,年为三百圆,学费衣食在内,且须于入学时先缴三月。而每月零给三圆,其衣服不能全备,实不敷用,与弘文同。凡吾国学生入此者,分文、武二科。武科卒业,入联队实习一年,即入士官学校;文科即分入分科大学。校中学长一人,教员四十余人。回,至补冈馆劝业场。玩游地甚少,而有二阶,且有神像、泥傀儡之具,皆各场所未见者。其印涂虽平常,而刻字之工甚善。官羽楼者,香山容某所设,初直以后将军名名之,外国风也。中国酒席面食之馆不数见,故偕至小饮。已而散归。时微雨。东京饮冰之盛,处处而有,学生嗜此者亦甚众,因复偕饮冰而还。

戊戌,大雨。早,往院。是日吴挚甫京卿汝纶将与镇国将军毓朗考察本校。听平田氏续讲师范学校之种类。雨益密。午后免日语课。日本外务部大臣小村氏与挚甫先生、毓将军先后至,嘉纳氏导令遍游各室,学生咸在列为礼。晌午,合学生百余人与挚甫先生、毓将军及各教习同照一相,始散。雨终日未止。夜,学监以明日始体操,更定割表,凡八时,为:月、水曜日上二时教育,次二时日语;火、木曜日上四时教育,次二时日语,末一时体操;金曜日上一时教育,次二时日语，次一时教育；土曜日上三时教育，次一时日语。

己亥，雨。是早始制服。往院，听波多野氏讲教育必要，语绝精粹。听安藤氏教名词、代名词等文法。已谒见体操教习今川与八郎，寻教体操各号令。一点钟而散，时微雨。

庚子，雨。早，赴院，听山路氏续讲学校之制度：专门诸校。安藤氏教日文。午食后回塾，发第五号信与吉符兄及一夔先生、郭恒山司马。旋得寿平叔回信，乃知第九妹以去月(念)[廿]日惊风殇去。家运蹇遭至此，为之伤感。夜，大雨。

辛丑，雨。早，往院，听山路氏续讲专门学校制度。波多野氏讲就学之年限及男女共学之可否。已而，听安藤氏教东文两时。旋往习体操。教习今川氏，其口号、番号而数次，气付而直立，头右而右顾，头左而左顾，右准而曲肱，踵上而离地，休则回足，直则复位，皆号令也。微雨竟日。

壬寅，晴。早，赴院，听山路推论学校之种类统系，又讲小学校之制度。安藤氏教东文。复听大久保氏讲体育。午食后回，天少晴，复阴，作微雨。嘉纳氏定于阳历二十一号启程往中国。夜，平田氏拟同学往体育会学习，分认诸科。余拟习器械、体操、击剑、驰马，有暇则兼习铳击、泅水。

癸卯，望，晴。早，赴院，听波多野氏续讲男女共学之可否及其意见，山路氏讲小学校之种类及修业年限，安藤氏教东文动词。午晴，回，后与展堂、叔兰往留学生会馆，访吴君止欺，不遇。地极雅洁，曲折伟丽，兼东洋、欧西之制。惜时无人，阒如也。夜，伊东四郎来访，笑谈甚洽，属令过从。又，彼体育会教习可习骑术也。谓中国陆土广大，而政治不能精；其人宽厚，而教育不能速。且言："日本为边海之国。北清战事之后，各国之情形一变，皆将逆望重洋，争海上之权便。两国情谊之亲，万国无有，可不相警戒哉！"又云："中国今日如升旭日，势从卑而起。水性也，能自卑而取人，何忧不强？"伊东居曲町区。

甲辰，日曜日，晴，热甚。将饯校长嘉纳氏于精养轩，而以不暇，峻辞乃止。平田告知即日迁居牛込区赤城下町三十六番地。摒挡箱笼。将午，嘉纳氏大集同学百许人于学院，演说所以往中国之意，云将至北京及杨子江各省，见政府大臣，以求于教育上有所补益。且论筑房未成，彼此迁居及费用当撙节，谐笑当抑省，勿遍与办事诸人为难等语。复云"学院中之事，可分二纲，一曰庶务，一曰教务。庶务以大久保司之，教务则分委山路氏诸人，而山路氏代掌校长之事。外塾则三矢、平田两人为监督"云。又云："院章规则，皆当遵守。人能守法，然后将来方为办事之人。余言止此，诸君保重身体。"是日又为广东留学生第二次恳亲会，同叙于锦辉馆。会为卢君少岐庆鎏、冯君稚猷等所倡，到者醵资两角，俾作茶点，设座演说，以相联络焉。余至馆，晤香山唐君玉书、杨君梦波，新会陈君匡一芙昌。时风雨大至，清谈片刻，雇车至新居外塾。境地幽胜，花木毓茂，视曲町故区为佳。傍莫，行李乃至，沾濡泰半矣。与展堂、叔兰、孝芬、小舟、斌贻同房。地不足居，故分十人者于赤城元町五十六番地，而学监则驻此。此地有自修室，明朗光洁，不似前者之窘于寝室中也。

乙巳，大雨。寅初即起，饭。四[打]钟步行出新桥车站，送嘉纳先生行。凡送行者，入场须购切符，价金五钱。是日入车场送行者约三百人，嘉纳氏挈其夫人登车，一一为礼乃别。东京风景，以新桥沿海为最佳，若前后所居，皆僻陋荒处，无足言也。傍海楼宇高华，马道夹轨，柳枝苗条，平望无际，内河汹涌，奔击石垣，令人生壮思，零雨淡烟中，遥望皇城，郁然秀丽，皆可爱也。是日免课，故偕墨斋等同至会芳楼小酌乃返。时复晴。发信往沪，复寿平叔及均生孝廉、原燊侯司马炳嵩。

丙午，晴。早，发信与伯振兄。赴院甚近，每日多二时，亦可谓月得四十日也。听山路氏讲日本学校之源，平田氏续讲前教育之种类，山路氏又讲通俗教育。已，就安藤氏授东文，始教译法。午后，今川氏教兵式体操，始习部伍。

丁未，微雨。赴院，听山路氏讲设立小学校者之资格，安藤氏教译法。午饭后，访憩棠等于元町外塾。此地有楼，下接邻园，梅李成林，青翠悦目，远近楼阁，高低参差，擅画图之胜。东人爱种树，墙根篱落，处处而有，深可羡也。雨转深。

戊申，晴。体育会以定章来，其习器械体操者，月费金二十五钱，别货器械月费三十钱；习自转车每时费二十钱，习至解为止二圆三十钱；击剑者月二十钱；射的者每十发六钱；习骑每时五十钱，半日二圆，一日三圆五十钱；水泳每月一圆五十钱。章程大率甚善。嘉纳氏其会员之一也。赴院，听山路氏讲学校式日之制，又申讲小学校修业之年限。午食后，就安藤氏教译法，旋习体操。以每周体操仅得两时，请增，投定于月曜、金曜两日加一时。晚，阅《日本文典》，别编字母语尾表，以便观检。

己酉，晴，热剧。赴院，听山路讲小学校之学科。就安藤氏教译法，约明日午后偕游浅草、上野诸名胜。又听大久保氏讲体育，始加体操一时。食后立烈日中，热甚。回，解衣洒浴，熇炎犹不可堪。晚，上元徐君坤贤荣生来访，彼在成城学校。夜蚊颇盛，始施帐。

庚戌，晴。早，赴院，听山路氏讲图书馆之书类，平田氏讲师范学校之制度沿革。天阴欲雨。就安藤氏教译法。饭后，与展堂、伯中、季良、慎三、鸿若、叔兰、斌贻从安藤氏纵游。绕炮兵工厂，规模绝大。有樱木神社，石柱堂皇，下台镌奉纳字，皆媚神者攸也。又有中央会堂，榜曰“圣堂”，传道教室、研究会，悉教徒地。出本乡区，街市略宽，银行支店整齐森肃，往往而有。又进，为三菱邮船会社社长岩崎氏家，石壁深菁，环堵如城，其富可想。更前，至不忍池。池一名小西湖，称为东京胜地。莲花半池，楼亭三两。入上野，则释寺林立，殊有南朝之风，曰临济宗大德寺，曰泰岱，曰宗源，曰西照，曰常林，曰正安，曰西光，曰东岳，曰广土，曰玉泉，曰本藏，曰正觉，曰本立，曰清光。此地渐近观音堂，大约丛林悉萃于此，然皆制狭小且朴，无足观者。又有下谷神社，规模略同此，独朱碧彩绘，有类中国。至观音堂外，有共荣馆、梅园馆诸劝业场。石道方砖，列屋夹肆，短垣红墙，百货陈设，而游人如织，眼界顿廓。入门，颜曰“浅草寺”。门内金刚狰狞，不异中土。初进，旁耸高塔，红绿斑驳，左、右石塔题曰“去暗”、“就明”。继进正殿，联曰：“宝相非庄严，金碧装成安乐刹；真身绝表像，云霞画出补陀山。”殿下左为常夜灯，右塔曰“枚光除冥”。殿内香灯缭绕，纸幡飘遥，题曰“金龙山正观世音菩萨”。余顾失笑，谓此“正”字大类商家射利幌子辞也。其下妇女膜拜跽，合掌喃喃，且搓手，或掷数钱，不知作何语。殿后为各佛里菩提塔，右东明堂。再后为念佛三昧道场。左行，空地平旷，树木疏荫，以铁锁阑之。一发起人石像，老妇也。相传为有名妇人瓜生毓子之像，下列伯爵夫人土山龟子等名。发起者言：“尝创成义举，为此以纪念礼也。”往水族馆，馆售观览券，人五钱，小供三钱，每日午前七时至午后十时止。其中异鱼不下数十种，皆凿石注水，上纳空气，而设玻璃壁以障之。鱼游泳其中，黑白相间，类虎皮者，有朱金夺目而小者，大率巨頞短项、小口细鳞者为多。一绿蠵龟，遍身绿毛。有海驴二色，泥黑，大者长六七尺，小者三四尺，锐首，白须，巨牙，四足如翅，张嘴作驴鸣，甚可异也。出，至树下，同饮冰以消暑。寻复往动物公园游览。售纵观券八钱，小供、军人半之。四旁多涂色傀儡，高与人等，须眉如生，大都古勇士杀人授命之图形，状阴惨可怖，如镇西八郎等人，皆署其名并故事也。又比睿山弁庆力举巨钟之形，模琢欲活。他有龙泽世古先生碑，书汉隶甚佳。园中有禽兽悉备，虎生死各一、熊二、獭一、狒狒一、猩猩二、象一、豹一、野猪二、山羊一、袋鼠二、猴二、猬一；又孔雀一、鹤三、熊鹰数头；又朝鲜之鸢、北海道木曾山之鹫。其余石供甚众，虎豹皆厌厌无威猛意。熊色作泥黄，毛茸茸然，婆娑而行，疑非人熊也。狒狒白毛朱臀，今始真见，恨未能诱之笑，然眼下长唇，实有半尺，古书不虚也。象不甚大，然颇驯，频以鼻搔痒。山羊名以八鬼，不知何所取义。猬班毛甚锐，蜷伏一隅，颇老矣。出，复循原道至梅园馆。场中劝业场无物不有，惟书籍、果饵无之。观音堂前列肆，则此二者最多也。遇墨斋、筱舟、孝芬等，约同邀安藤氏往官羽楼晚膳。因坐马车至上野，复游上野公园。园中山上有西乡隆盛铜像，手牵一犬。西乡事迹，载在东史，以明治十年之乱死，敕赠正三位。有吉井友宝者，谋铸铜像，朝旨赐金，佽费捐资者二万五千余人，明治二十六年至三十年乃成。其镌像下者如此，盖此为西乡当日维新立功之地也。更前为彰义像，战死之台，盖继西乡之后起事而死者凡三十四人，皆瘗于此。有彰义队奋战之图，叙述当时勤王攘夷事甚详。一油画，绘梁濑胜三郎等十九人自尽之图。此十九人皆少年，名白虎队，时政府势成，事败不忍被戮，故相率寻死也。园中大树千章，平望宽旷，步行甚适。中小山，名擂盘。遥望凌云阁，高矗天际。时晚霞散赪，益可怡目。都凡公园之地，自第一区至第四区，内有劝工场、博物园、帝国图书馆、美术学校、音乐学校、动物园、五层塔，皆括其内。又有东照宫，石灯台无数。下山，重至不忍池，缓步阑干，香风暗袭。池有堤，有桥通至池心，宛如西湖。堤侧有冢，题"半仙先生衣帻之臧"。半仙名容，字工默，称玄石中根云。又有霭崖山人退笔冢之铭，及平岩氏书濂溪《爱莲说》，皆草书，笔势飘逸。一大琵琶，镌"琴三讲"字。池心为佛殿，有天龙山、辨才天等字。殿下有观音像，像前有赛钱箱，此亦如中国僧徒敛钱之智也。有五转生死轮塔。殿后有地藏像，一虚冲轩先生碑。其人姓平，名宣根，书法系率更，甚佳。返途，已近莫。坐车往神田，至宫羽楼。日本士大夫燕客，馔不过三四碗，风俗俭约然也。然食各一器，则费与中国等。以彼中礼设长桌，安藤氏居中而同人左右列。氏年始二十四，尚在大学，未卒业，能通英、法、德、奥等十国语言，甚俊才也。谈次及日本男女婚年之限，盖视西人已较早。然女子至少非过十九岁不嫁，犹有限制存。嘉纳先生养体充实，为一时伟望，彼三十六岁乃始娶云。席散，已十点钟。回道小舛，催车归塾。

辛亥，日曜日，晴。阅《日本纪事诗》，亦随笔札所见。傍莫，往观牛込劝业地与九段等，无甚观者。访卢君少岐于静思馆。

壬子，晴。早，赴院，听平田氏续讲师范教育及高等师范学校之学科课程、修业年限。就安藤氏教译语。午食后，习体操。回，往神区购书，得日本名家杂诗两种。旋偕往食牛脍。时阴欲雨。是日，稚晖孝廉以公使蔡不允保送学生事忿争，公使送之警察署，同人皆为惊色。初，江浙自费学生数人将入成城学校，公使以联保难之。章君宗祥等为之援例联保请咨，而钦使径以学生自保为文，遂致参议本部驳不许。稚晖以使者有意阻学生进学，愤与力争，随往助者甚众，使馆惧，而众坚不去，故致于此。夜，雨甚大。

癸丑，雨。早，赴院。以昨夜事范君往会馆聚商，不暇传译，以是停课。而山路氏宣言箝制学生干豫，其语过激，众遂愤哄，偕至会馆。至午，稚晖已出，余先返。是夜，续至者至六百人，发公电至外务部，请代奏使臣之无状，失主权伤国体，而事始不可收拾。是日各学校教习皆到聚议。夜，往弘文学院，议暂停学。

甲寅，晴。早，得粤来家信第一函。平田定自阳历八月朔起改正时间，割两天，为火曜日第三四时日语，第五六时教育，末一时体操；木曜日第三四时日语，第五六时教育，末一时体操。午，发信上海，寄伯振兄。又发粤信第六号。平田以事辞归，而安藤氏代理学监。午后，范君静生到，婉劝诸君赴学，且言办事与读书当两不妨碍。夜，各部长集挚甫京卿所，商酌调停。阅《东文典问答》。

乙卯，晴。早，赴院，听山路氏续讲小学校之学科，波多野氏讲辅佐教育之法及补习之种类，安藤氏续教译法。时热甚，在幕下习体操。蔡公使颁示谕诸生，府罪吴某，词颇周内。

丙辰。是日万寿节，休业。早，衣冠望阙行礼，祝天保九如之歌。已，嵩呼者三。马君君典来坐。午，编《动词语尾变化之活用字表》。伊东四郎与陆军中尉某到访，且言回国时当同往中国，更求精学京语。晚，平田氏回。

丁巳，阴雨。早，赴院，听山路氏续讲图书馆之书籍及哲学之起原定义，平田氏续讲高等师范学校学年、学期及休业、职员之命任。此等讲义，至于弥日不已，可恨也。山路氏又续讲小学校之学科。就安藤氏教动词语尾变化。饭后，将往日本桥观书肆，遇雨而返，遂往国光馆，观天津大战争影画。其中模绘如生，气象愁惨。天津城中烟火四起，海光寺及水师营炮力颇远，而我兵零落无存者。难民屠杀，惨无天日。文明节制，殆难言也。去，行观靖国神社。地为日本历代战死后赐葬之所，石塔累累，中日之役死士多瘗焉。中石台铜铸兵部大辅大村益四郎像，故功臣为凶人之所戕者也。雨适大下，乃返，衣裳皆湿。

戊午，晦，日曜，大雨。天文家侦八月为最热期，故学校皆放暑假，乃连日霪雨，寒可厚袄，殊足异也。经午，雨逾大。憩棠、君典两君来访。夜，读英人胡奋《支那化成论》。

七月己未，朔，大雨达旦，灌檐如瀑。赴院，听平田续讲高等师范学校职员之命任及生徒规则，安藤氏解说动词变化语尾。雨益大。午食后，以雨免体操。回塾，外左一传久寺，散步入其中。殿门严扃，老僧蹀躞于外。后则石台丰碑高，下隐丛莽，盖土人瘗葬之所。有历代同穴者，碑镌姓族，断竹为灯台，插花以供之，风俗足异也。晚，出石切桥，沿河散步。

庚申，阴。赴院。时仍复时间表如旧，而体操更时刻，以午间酷炎也，为月、水、木、土四日，俱早七时二十分体操。听山路氏讲理学之起原、理学之定义、科学之定义、科学之分类。就安藤教动词语尾变化。热甚。听波多野氏讲系统之外教育之方法。

辛酉，晴。早，赴院，习体操。闻昨日警察奉日政府令，拘稚晖孝廉，解送北京。孝廉欲跃水，不免。大约彼政府之意，不知(何其)[其何]，而孝廉固怀必死之志。追原此事之起，本极细微，徒以保送咨送之争，蔡使护其前短，以至大哄；孝廉夙愤士气之厌厌，不能争大事，故借此发之；而学生鼓噪，随往使署者，率年少好事，以致坐起大狱，而吴兴孙叔方内翰揆均为首所注目，并见逮焉。哀哉！中国青年，结局往往类此，同人不知政府之意所出，而又逆知稚晖之必且以身殉也，为黯然无计。是日山路氏讲教理科之法，未竟。静生以吴、孙事辞译罢讲。更就安藤氏教动词语尾变化讫。偕展堂、季良两同年拍两小照。返，热甚。闻吴、孙已解去，某某等五人送之往上海。吴初作绝命词以别，自期流血，有“诸公努力，仆终不死”之语。是日静生即告病假，欲径回国。

壬戌，阴。早，赴院，习体操。翻译无人，故一律罢学，遂暂行停课七天。阅本处报纸论吴、孙事，但云命退出国外，然多责政府、蔡使之非。午后，与墨斋、小舟、辅臣、斌贻往宫城纵游。外郭绕濠，兵房镇其间，遥见中央天文台。又近卫师团军乐部俱在于此。迤逦入第二重城。其中官舍衙署，森列闳壮。戏马场上绝好风景，得见宫内省之规模，二重桥之名胜。自桔梗门入，向樱田门出。门外皆巡捕，严守城门，率不许行往，惟此路得通。凡文部省、大藏省、地方裁判所、贵族议院、大审院皆壮丽可观，尤以海军省为有雄博气象。傍城垣上，惊湍深碧，冲击石垣，绿草绕城，飞桥跨水。其城方石垒基，上接短墙，大树蔽之，形势甚雄。想见德川将军据江户时之气焰。树际间出马兵小队（日本兵队，二十人为小队，三小队为中队，二中队为大队），令人作华林园想。由芝区出新桥，瞻玩帝国博品馆，为第二大之劝业场。入其中，曲折层累，百货如云，昼燃电灯，杂沓甚盛。累时乃出，次至商业馆、商品馆各劝工场。行此地，商场鳞次，不能遍至。时大雨。少顷，坐马车至万世桥，同往会芳楼小酌乃返，将夜矣。是日午前，地微震。

癸亥，雨甚。外间传闻朝旨有派振贝子查办此事之说。学生各以吴、孙事，无颜留学。又翻译之难其人也，有罢退之议。午，阅《广和文汉读法》《动词助词语尾字表》已睹编者，然才四之一耳。为比勘其同异。夜，以假内罢见学监礼。江苏吴君仲琦建常以书来。

甲子，雨。修公致龚仙洲太尊函。早，出行，往邮政局。局中东京电话料金三钱，呼出者五钱，普通者尔，特别则三之。呼出者，传回信者也。今日为英皇加冕期，欲出横滨观盛会，已而不果。胡君禹仁来访。闻日政府将送稚晖于香港，期出之国外，不欲死之也。又电知上海总领事务保全之。然脱无主使，岂出今日，此又理之无可疑者也。夜，修信发粤第七号。

乙丑，重七，日曜，晴。寄紫明、寿平两叔父。平田告知代理校长山路于午前聚会演说，释众人之疑。巳初，至者五十余人，大意以学生当守义务，警察保护公使，将滋事者送出境外，是其专责。今吴、孙已平安，保以无事。某生告以退学乃全国大体所关，吾辈所争国权，学问者个人之私议，不能以此废公。午，君典到访。与叔兰、鸿若、孝芬同往靖国神社，游就馆，观战时所得俘品。买游券，人三钱。中列甲午、庚子两役所获大炮及枪、铳、弹子、炮架无数。又衙署所悬扁额甚众，及黄山、徐家山炮台石额，各军队大旗与营兵号衣、战裙，将官翎项。见之感喟。另日本古制各炮式及古宝刀、剑、甲胄，又鱼雷一门。其他则平壤、牙山、刘公岛、台湾各战事之图，日本历时代衣服异状之图，维新屡次血战之图，日本历朝死事将士之图，凡数十幅。而某将某卒战殁所著服，珍留纪念，其枪伤破裂痕斑然。凡十五室。出，行神田，购教育书数种。归，已将夜。观东明馆劝业场。人言东京各劝工场，上野第一，芝区第二，新桥帝国博品馆第三，京桥第四，南明馆第五。

丙寅，雨。是日留学生大会于会馆。闻稚晖有信来，谓不当以一人之私而动全局。午，与季良、慎三往拜挚甫先生。挚甫主意谓吴、孙事不足道，以中国学生而为外人所拘，自失国体，可为大耻，非全行回国不可。座有法科大学生刑部齐力劝当忍耻求顾大局，先生深不以为然。刑部君谓：警察之解吴、孙，蔡使主使之。此言当非无因也。留午饭乃回。时大雨。是日陶制军有电，告学生勿攻使馆，吴当尽力保护。此攻字何来，而捏诬若此，不可不辩也。展堂往见大久保氏，促其邀复静生。氏辞以不能，惘惘怨叹而已。

丁卯，晴。阅近所编《西史纲目》。午，挚甫先生意以此事不归，是为无志无气，脱尚隐忍，后当有更甚于此者，令同人具名领回学费。晚，访履谙等于元町。

戊辰，晴。同人尚有未决议者，余发数难，且谓此事之转圜，不在同人，不在督抚，而在日人对我曹之问题。假使因此而一改其压制腐败之为，仍未尝不可有留之一日也。饭后，与君典、叔兰等往上野，游商品博览馆。此馆为东京第一，各品物俱有玻璃柜藏之。物多珍异，有晶球三，圆润莹澈，价直百八十元，真佳物也。他字画甚多。又各处美木林立，皆他处所无也。钱谱、画谱之外，书籍尚少。购物者各给票一，出时缴与守者。商场中均少妇，间有男子一二而已，诚大观也。购得誊写板一具。游动物园。地方较浅草为宽敞，蓄物亦相等。计禽有猫鹰，有鹤，有鹫，有角鹰，有食火鸡，有雉，有鸦，有鸠，有莺，有相思鸟，有鸥鸺；有寒号虫，一足倒悬，疑即飞鼠；有澳洲传亚冷子托，有野鸡，有珠鸡，有吐丝鸡，有非洲鸵鸟，有孔雀，有鹫；中为池，池中有鸠、鹄、鹳、雁、鸽、鹅、凫、鹤之属及十姊妹等鸟，不可胜数。兽有暹罗牡象，有澳洲袋鼠；有四不像鹿，属脚似牝牛，尾类驴马，盖中国所赠；有台湾鹿，有野独，有家猪，有家猫，有骆驼，有两峰驼，有驴，有狐，有獾，有非洲克子猛唧，有澳洲倭伊巴托，有非洲牝、牡两狮，有熊，有魋，有山羊。游人颇众。观券人三钱，每日九时至四时二十分毕。出，坐马车往日本桥购书，得《教育法规类抄》等书数部。回会芳楼小酌。返。闻是日日政府遣人求吴挚甫先生转圜，先生反复与订保送学生之例。夜，腹痛，泻特甚。

己巳，晴。早，泻。译《理科讲义》一叶，日以为常。午，腹痛甚，类绞肠，服痧气丸，少定，随服玉桂，乃止，然尚余隐痛。又微热，以是不敢饭。食萨摩薯，小如母指，然甚佳。议退学者未见允，而翻译无人，故再展假七日。

庚午，晴。觉困倦，一病即颇憔悴。午，乃饭。

卷　二

起七月十三即阳历八月十六号

辛未，早晴。修公致陶制军请退学函。午，与墨斋、季良、小舟等游小石川植物园。园设于明治初年，初名药园，观券人二钱，小童半之。地绝阔大，初进为松杉科，多如松类者，有直麻阿及滴芝亚等种，又哈希比亚克子，沿地生者也，医拖冷则大草如竹叶者也。此外偏柏、圆柏（日人以比约克比巴）不一，又沙子巴鸟，大叶红花，高出二尺许，皆可观。此处为植物学校室大学考验之所，有槭树科及茉莉花、白兰、瑞香、藤色、睡莲，多自中国运来者。花树小小列盘高下，分为石南科（欧洲北部产）、菊科、百合科、荳科（有澳洲产，叶极小仅瓣者）、安石榴科、桑科、苋科（有圆叶而小者，有卷叶而红者）、秋海棠科、山藤科（长枝，叶颇类竹）、羊齿类（如人指歧处，出澳洲）、兰科、爵床科、马鞭草科（花小而蕊黄），其他金生城（红叶）、细叶（日人名加子）及珠兰、金橘、金线、芙蓉、印度菩提之属。又有如白蝉而较大者，有叶如铁丝、红须黄蕊、密如散珠者。其中以秋海棠为最，花凡百种，皆红艳夺目，一品红亦甚多。外则日光所出小草凡数十种。过此为热带植物室，其中树木种种，形状不甚异，而皆热带之地移至，故设温室养之。旁两池，石塔出其中，遍种水花及诸色莲。以后分为列畦，各为牌分榜之，有虎耳草科、小蘗科、五加科（结蕾可爱，惜已多萎黑）、伞形科、山茱萸科、景天科、瑞香料、紫茉莉科、葡萄科、马兜铃科、山茶科、鼠乎科、木兰科、木樋科、荨麻堇茱科、金丝桃科、蔷薇科、牻牛儿科、十字花科、夹竹桃科、亚麻科、芸香科、商陆科、蓼科、金粟兰科、三白草科、毛茛科、藜科、桑科、紫葳科、马钱科、旋花科、芍药科、败酱科、水蓑衣科、花葱科、紫草科、龙胆科、杨柳科、麻黄科,其余种别不可胜数。前行而左,则有猕猴桃、羊机子、木香花、乌白木、刺楸等树。前望蓊碧,几疑无路,而曲径转通,山势若失,盖匠心结构,屈树为山,远望逼肖也。凿石为磴,猱身升其巅,恍若樵山旧游。上有亭,可憩,下则沿路有榅、桲(虬枝小叶)、桧、柏、榧(叶小而尖)之属。曲折下山,至金鱼池畔,徘徊小立。池中鱼长尺许,投以饵,争出攫食。此地清雅欲绝,仿佛画景。沿此更行,小池相通,莲花已谢,叶蓬蓬然。东人有携笔就景作油画者,就视之,殊平平。忆熙叔生时油画逼肖泰西,冠出一时,迄今竟如广陵散,对此胜景,令人央邑。更出,则竹修插天,蒙密阴霭,有锦带花、杨栌、天仙果及水草之类数十。此园虽于物名、地产未能悉详,不可谓非大观也。东人以种植著称,故宜若此。返,中食。展堂、秉瀚两人首请学费告退,大久保氏苦挽不获,乃允。

壬申,日曜,晴。同人每以去留见问,余意若不决,实非模棱,乃专以日政府之改良见待否与粤大吏之覆电二者为行止。盖此事所争者在国体,未便以燔肉去也。午食后,与季良、筱舟、辅臣、慎三同往上野博物馆。初入门,售观券人五钱,守伞具者共三钱。中一池,激水上射寻余,四围绿绕,境地空旷。正面第一号馆,中间大堂,气象闳阔,中玻璃罩藏印度果然、非洲猩猩数头。两旁为历史部附属,有大钲鼓、古御舆,天产部附属有暹罗象、广东水牛。盖各室所不及载而溢置于此者。右入第一室为天产部之动物类,从哺乳类而食肉、啮齿、偶蹄、奇蹄、游水、一穴、贫齿、有袋以至鸟类,在此有海豹(色灰白,四足)、膃肭(四翅如足,头类小虎)、狸獾、水獭、黄鼬、豺、熊、比古呵龙(出米洲,卷角)、海豚、鲮、鲤、犰余、米国希臧(巨首,茸毛,犀角,长须,不知何兽也)、麒麟(长颈高足,身微现黄白斑,如鹿,尾似牛,出非洲)、拉马(出米洲,白毛而长项)、鼯、四不像、鹿、豹、狮及巨鲸之须。又进第二室,亦为天产部之动物,从鸟类猛禽、走禽、涉禽、长短翼、有无尾以至两栖类，在此有鸺、鹫（出朝鲜，高二尺，属猛禽类）、长尾鸡（出千叶县，尾长几二尺）、哀美拉（出澳洲，高五尺许）、食火鸡（出马来群岛，高亦四尺余）、鹳（有高至三尺者）、苍鸡、孔雀、蚒蛇（凡数笯，有长数丈者，大如人股）、鹄（高二尺余）、蜥蜴（出澳洲，有长二尺者）、黄蛤（无尾类）、鲵（黑色扁身，有尾类）、赤蠵龟、绿蠵龟（长三尺，横二尺）。更进第三室，亦为天产部之动物，从鱼类硬骨、板鳃、圆口、夹索以至被囊类，在此鱼无虑数百种，有鱿鱼类，长七尺有奇，他物亦率可异。右为第四室，天产部之干腊植物。左为第五室，天产部之植物模型图画、干腊植物及种子。中列各种果实、花实及发芽、根柢之模型，芝药叶草都不肖，有画者亦不佳。左进为第六室，为天产部之矿物类，有铜矿、铅矿、晶矿、各种石矿，形形色色，无所不备。又有天陨石二、天陨铁一，大盈尺，并验考其分质甚详，惜不暇记。更前第七室，为天产部之化石、岩石模型及图类，中有日本全图、地质豫察图，绘注极详，此可佩日人专门学之精进。又有大鸟足、犀首之骨、大龟之骨、象骨、鲸石，皆从最下地层寻出，大约数千年物，格致家考为各种大鸟兽所化也。转回中间，有历史部附属及战利品。在此更左，为第八室，历史部之虾夷、琉球、台湾风俗，中各为图象，如家具、算盘、衣服、帽履、笔纸、武具之类，皆岛夷古来之具，拙蠢可笑。更进第九室，为历史部之外国风俗，有印度、支那、露西亚及埃及古代所进土器，而中国烟袋、烟具、妇人之行缠皆在焉。更进第十室，为历史部之上古遗物，约自用土、用石、用铁时代一一罗列，颇足考究。左为第十一室，亦历史部之上古遗物，其中埴马、埴轮及铜铎、古瓶皆自古坟发掘来者，色晦剥蚀，皆泥块也。前出第十二室，亦历史部之上古遗物，藏埴轮、土偶、石枕各土器，盖古作俑殉葬之制，粗具面目象人而用者焉。自十一室左转，为第十三室，藏历史部之家什、仪式，及有关于祭祀、宗教各物品，中有石磬、油画、铜象之属，及古代彝器，簠、簋、笾、豆、俎、登、爵、斝、鼎，皆照古制模成。又佛家用具经笥、如意、凤凰、香炉，神祭用具若汤桶、唾壶、泔坏、栉钳、行厨（凡六七层）、熨斗、古婚具、铫子、贝桶（中盛贝无数，皆饰以金，大约古用贝时代之制）。更前第十四室，为历史部之典籍、文书、图画及金石文版，所在有高丽第十七王时《广开土境王谈德碑铭》拓凡四幅。此碑高凡廿一丈八尺，广廿五尺六七寸，厚四五寸，真巨碑也。古学甚众，有《论语》数部，字甚大，疑即初得颁行读本，然耶？又有地球仪一座，及德川时婚娶仪式图。回第一号馆，中间后夹道悬巨鱼骨，长丈许。入第二号馆，只一室，藏天产部之临用矿物类，有石脑油、石炭、硫黄、宝石、矿泉、制铜卤，皆映成图画。又模型开矿，坑山雏形毕备。返第一号馆第三室，过美术部各室，为第三号馆。初入第二室，为美术工艺部之烧制品类，所列朝鲜之泥器甚多，然工制只平平。左入第一室，为美术工艺部之织制品类、玉石、甲角品类、竹木制品、纸草品类、写真、图画、印信，凡玉器、铜器、石砚、漆器、螺钿器多中国物，玻璃多英美物，有天然犀角印章甚佳。转中间为泥塑金刚、观音巨像，皆长七尺。以来右第四、第三两室藏绘画雕刻者，是日闭未启。由此登楼，中间为美术部之雕刻类，亦有画，有景年所画《巨鹰觑猴图》，笔力甚佳；又渡边省亭《雪中群鸡图》、泷和亭画《孔雀》，皆俊逸。右入第六室，室右为第七室，左入为八室，室左为第九室，皆为美术部之绘画类，其中如雪舟画《四明天章第一重》两全屏、丹山应举画鲤与鸭各一全屏，又李龙眠画《眠布袋图》、马远画《寒江独钓图》、赵松雪画《老子图》及《瀑布图》，数幅皆佳。其第六室皆宋元人着色各图（有英一蝶画屏亦佳）。第七室皆神佛像，无足观者。原路返至第一号馆，中间登楼，楼上中进，是为第十五室，藏历史部之舆、车、船、舶，有日本古代御舆、御舟、女乘等物。女乘饰金漆，画葵花、牡丹甚敏，然颇矮不容人，所异也。右为第二十四室，藏历史部之奈良时代遗物，有古书文，是古锦、古器之属。前为二十五室，藏历史部之武器，有大铠甚夥，长枪诸种，名綦多。又前为二十六室，藏历史部之货币印纸、度量衡属，有万国邮便切手，搜罗悉备；又古时升、斗、秤之属。左转为二十七室，藏历史部之乐器、游戏具、文房具，有笙、笛、鼓、琴、琵琶、元箳各种古乐，及假面舞衣。附二十八室有小忌衣、羽织、振袖、重付单物、襦袢等各衣制,疑王者之御服也。二十七室转而左,为二十九室,藏历史部之服饰,有婚衣、石带、笏、小直衣、袍、裳、小袖、肩衣、帷子。前则三十室,藏美术部之绘画,有《当麻曼陀罗》一幅,绡本着色,已七百年;又《弥彦山全景》一图。前第十六室,即中间之前,藏御物者也,有御冠、枪、扇、御祭服、御褂、御青袍。更前为第十七室,藏美术部之绘画、书迹,有狩野伊川绘二山水,一为《曹孟德送后将军图》,皆着色,极鲜明;僧月仙画《三国十二将图》,已百二十年,今其图即演义绘图者何耶?又晓斋画《钟馗图》(两鬼对围棋,一鬼傍观,口吸烟管)。更前为第十八室,藏美术部之雕刻类,皆神佛像也,有药师如来结珈像,已千年物;一大日如来结珈像,亦逾九百年。更前第十九室,藏美术部之雕刻、建筑、神像之外,有各堂与坛图。此右为二十室,为列品整理室,扃不启。左入第二十一室,藏美术工艺部之金属品类,有古镜、锷、香炉、釜、鼎、卣、爵、镳斗等具,有伯牙鉴,制甚古,上镌诗,然不佳。左为第二十二室,亦工艺部之烧制品,所藏磁、漆诸器皆小小器具。前为第二十三室,工艺部之抹漆品,有箪笥、砚箱、印笼、书棚(如棚式,上下间有抽屉,中可放书或器物、花瓶之类,甚玲珑),髹漆甚精。回第十五室,下楼,两道石级精洁,旁皆悬各国人照像及动物等图。出,绕馆后,至第四号馆,而严(犍)[键]不启。盖是室新构未就者,拟于其内为天产部之动物参考室,藏骨骼,比较鱼类、软件类之壳,昆虫,鸟类等标本。而楼上则为列品整理室,尚未就也。馆后为事务所,有巡查守卫人所,前为植物暖室。由馆之右,穿树林行,中至今亭,于众木万绿立两鹤,境界萧然。亭前对校仓,左为六窗庵,右枕五角堂,惟见茂树,无足观者。绕出三号馆之前,往暖室之侧茶厂少坐,啜茗食饼饵,乃出。至小西湖侧闲眺,时荷花尚盛,大约彼中初秋方开也。坐马车回万世桥,旋返。平田氏订明日往崎玉县王子观制纸所及至大宫公园。

癸酉,望,晴。早,至学院,坐腕车至上野停车场。安藤、平田、今川、三矢各教习与院中生凡四十九人毕集。按崎玉县属东海道武藏国，距东京日本桥四十三里，自上野至大宫凡四站，一王子（或作旺子）、二赤羽、三浦和、四大宫也。购三等票，人七钱（一等一角六，二等一角一）。登汽车，八时发。至王子下车，往王子公园，沿坡路上山，万树夹拥，曲折行，其中皆樱花也。每当春日花开如锦，士女携酒饮树下为乐云。山名飞鸟，计艮至坤七十三步，巽至乾二百二步，有碑广、高凡五尺许，碑阴镌文，为东都图书府主事鸣凤卿代撰。去此数武，一碑刻象山先生《樱赋》。象山佐久间，日本维新时人也，为幕府所忌，作赋以见志，后被征至京，痛论时事，为忌者所戕。今海、陆军制粲然具备，皆其功云。碑阴为日下部东作书，建于明治十四年。在此小立，但闻泉声隐约出山下。是处称数百年不动之徿，以观樱、观枫著称已久。下山，入造纸所，门外悬牌，书"工场，纵览谢绝"，非导引不得见也。所中分屋六座，初进工场，挂物品挂两室为办事之所。次汽机室，汽罐三分，均十五马力，机轮甚捷，每分钟可转六十次。后转为巨炉烧煤处，烟通二，高百尺。登上阶（即楼也），一室败布臭腐堆积如山，女工司之，捆载而縋于汽罐室。又一室，则为机锅融化纸料处，破布洗净加以药水，入大锅融煮之，初时极沸，不可近，渐乃如絮如臬，浮满锅际，则取而滤干之，累累如盐砖。侧置机器，曰"干燥器"，所以熯之者。锅分八只，或黄或白，精粗不同。初时霉污，渐乃洁白，以次煮焉。司事者又为言："每用木棉七分、蒿木三分而成，或用稻草不一。"细察渣滓，皆有绵绪，已全化其本质矣。继至压纸机器室，机分前后，先碾湿者，后乃着干燥处。取视初制纸，质薄白而坚韧。卷纸大小轮数十，层层碾之，末轮捆积数百张，皆滑厚可爱。次切纸机器室，其机轮有刀，千张一律，兼印水纹，以女工小供理之，且分工齐整之，去其破坏者，次数之，补其不足者，及当洒水。诸役工自午前七时至午后五时半终业，平均男女工价计，约男子日得三角五钱，女工二角五钱之谱，通共男女工凡千余人。其下为储纸所，设女工运置之。别二室，杂贮各种纸。工人所群居两旁，则煤室，挑煤者奔走相属。闻局中制纸分制药、造纸为二大纲，纸非药不能制，初时必以第二酸化满加（药名）及格鲁儿加儿（药名，一名苛性曹达）练分化纸质，更以酒粉煮之使白乃成；格鲁儿则以黑灰为之。然则局中应有制造硫酸各器，未之见也。出，返车场候车，将适大宫，三等车价二角一钱，十一时半发车，往赤羽。至浦和，三矢氏为言："由此下车，有崎玉县师范学校，校舍可观，可以见设备之大概。"惟须出行十数町，且现无授业，故余止令勿往。抵大宫，下车。是处矮屋接椽，路转僻静，而景物绝清雅，宜平田以为幽邃也。入冰川神社。此社极大，为日本之大庙，故各教习皆肃然敬礼。木门石台而外，夹道树阴，直入，右为本县神职取缔所，左为皇典讲究分所。入社务所坐，此中食行厨。先至供张，观者甚众。饭后入正殿闲玩。前有皇太子手植松，有碑祀之，明治廿九年所建，东宫侍讲三岛毅作铭，而三好钟二郎书之。一本社重修碑，前崎玉县令白根多助撰文，大教正平山存斋书。殿左旁出，为温泉旅馆万松楼。是处莲池半荒，微通略彴，直入，穿万松之间，有松棚，可小憩。同人多就旅馆浴者（费人二角五）。转而右，曰"含翠园"，亦听人休憩。其余远近浓阴小径，行无尽境。返寓，至二时三十分，更出观大宫铁道工作场，此专造汽车组立场也。（衡）[横]凡五座，纵四之，约中国广一里五，袤一里，内以轨道通运，车转用铁杂器，工人凡二千名，出场必有终业出场证纸，其规模如此。外场皆已成铁轮安放处，初进木器模数百具，甲所先以木器范上作圆模，以为铸铁之用，是为铸模厂；乙所亦以泥模制小机轴，是为机关车厂；丙所造火车全身，大机器凡四号，大厂相连，众机皆萃于此，是为总机房；丁所为取煤室；戊所为造轮之所，有光模机，有滑钢、削铁、磨石诸机；巳为机炉之所，是为水锅房；庚为击铁之所，是为（缒）[锤]铁房；辛为机关车模房。司事为言：场地横五丁目，长一丁目，诸工约可分七部，一铸铜铁部、二打铁部、三制木部、四剖木部、五油漆部、六机关车部、七造模部也。每机关车须金四万圆，工四十日而毕云。壬为修治烟通所。癸为修治旧器所（甲乙名目以观之先后记之），皆兼击铁诸工。场外别有火车，盖以为油车之用。迤逦行至锯板厂，轮转如风，锋利如剑，长板方块顷刻而成。中一机以器运，软锯刃薄于纸，而以二寸许厚木迎之，快如利齿着腐，真奇观也。观罢，返车场登汽车，径回上野。下车换坐马车至万世桥，步归。是日学院改延唐秀丰为翻译，将于明日复课。

甲戌，大雨。闻陶制军复有电来云：诸君勿轻肇事，恐留学之路塞矣。督抚断无因学生一电入奏之理，即奏亦必吃亏，不可不知内情等语。雨至午始止，得紫明叔手信，知吉符兄有汉口之行。

乙亥，晴，热甚。午，与平田氏笔谈，叩余行止，余答以尚不定，因讽其大加改良，延有名教育家演讲，且曰："使学院因某等之去，大改旧观。众虽去此，何患无人。若其不然，虽羁某等于此，犹于学院名誉上无益也。"修信卓凡叔，并覆紫明叔，又慈大人安禀各一函。

丙子，晴。是日谷人、伯中两君回国。午，与养原、韵笙、墨斋送之出横滨。二时，至新桥候车，至二阶壶屋（停车场之饮食店）小坐。三时二十五分发汽车，过海湾，观五炮台形势。四时后抵横滨，入高野屋寓，楼上绕室种树，有芭蕉一本，高出楼檐，清况可喜。陈君纯方秉忠、唐君玉书到坐。晚饭后，同出海滨散步，沿岸行，信意由码头行至海心。此码头长百二十丈许。时秋月夜上，晚风始清，回视街市中，灯火如织。西人酒楼二三，歌舞方酣，华商子弟徙倚来往甚众，悄然有感。回途绕道归，有外国商人公司，陈设壮丽，而中国不在其内，彼异国而团体若此，华人旅此至众，而竟霄壤，然可哀也。又有竞杉板船公司，皆可见西人之好事矣。返，寝。谷人等定自赞政丸发，后日启行。

丁丑，晴。早，饭后相约为镰仓之游。镰仓郡属相州，旧为源氏世守之地。后讫足利据叛，屡经战争，历北条、德川以至今，为神奈川县管辖。地东西凡二里一丁，南北一里四丁十间，有鹤冈八幡宫为国币中社，日本名胜之一也。至横滨停车场购票，自此往镰仓，一等车六角九钱，二等四角一钱，三等二角三钱。坐汽车至大船换车乃至。

此地热甚，民居甚朴，时闻鸡声，多种木棉、稻禾之属，间有一二人家，菊篱蔓架，仿佛可爱。有小町园，又有星月园，为陆海军休憩之所。往海光山，登长谷寺。此为净土宗第四观音，登石凳，至其主殿，侧有巨钟，马止地。下望平地，浅濑远近，人家相接。良久下，乃左行之此百数步，即高德院大佛，中有古物，廛外为镰仓院疗养所。此处为大异山，大佛铜像高丈余，跏趺坐，中洞空设，右大将赖朝公护侍佛位，又供三界万灵，凡战死将士之祀也。有小楼，然局促热甚。阶下有盥漱水盘及石台等属。至后树阴缓坐，乃复行。镰仓烧素有名，因至陶肆小立，色泽多古，然不甚纯细。意所见其下者耶。时于此两月有古物供观览，皆发掘者也。在考古者摩挲凭嵋，当急快睹，而余且不暇。同人忽作风俗之想，因雇手车往江之岛。江之岛在片濑村之南，周回十七町，岩谷深秀，孤悬海际。自此买车往极乐寺，前沿七里滨，过行合川滨，有桥，为行合桥（而往七里滨），为足利与上杉宪中战之故地，极乐寺坂后则新田义贞攻镰仓时与北条氏战处也。当时新田攻镰仓，自稻势以登陆，战于此，又战于假妆坂（在大佛之左后），皆历历可指。过普明山，穿山涧过，绕白耳义领事署之旁出，沿海行，遥见孤岛悬江心，平沙无际，滩畔弄潮儿二三十逆涛而嬉。虽晴午无风，而江潮自浪，奔系滩际，时作吼声。山本矿也，故沙有煤质，然能生草木。渐近则步行沙际，有海水浴旅馆在焉，中国学生时有到浴者。馆人给寸袴蔽体，入海而浴，男女皆有。顾视儿童甚乐，口占一绝，云："如拳孤岛海门开，浪打周围去复回。百五倭童齐拍掌，惊涛飞也过头来。"由此前渡，筑坂桥甚长，沿此达岛。桥者敛资，人三钱。地产贝，细工制造，列市皆是，以之制小器、制水盛、制钗饰砚、制棋、制玩具，凡海螺、蚌、蛤，大小靡不有。于是为江岛神社上山，盘山百级，有最胜铭杉山检校之碑。杉山，盲者也，葬于此，后为辨才天，妇女多膜拜。有售蜡烛者。转而左，绕山行，有金龟楼，旅馆之巨者也。前为不老门，有再造记，为文久年间所立。又佛宫，为神室御览所，前列铜柱，状若华表，凡神社皆有之。有重修辨才天祠，石鸟居，记为源右将所，建于文久十年。更过山曲，为富士见亭，冰室数所。踞岛腰，俯瞰江际，循危石下，有南郭服元乔题诗，有“披髪钓鳌沧海客，三山到处蹴波开”之句（又一诗石，惜已缺破）。此处为龙爪松，已在岛之后矣。岛后悬崖百尺，桥援渡，有如剑阁，有古洞，黑魆魆，桥入其间。守者敛赀，为岩屋观览费，人三钱。入其中，有给蜡者（人一烛，出时共赏以金十余钱）。烛而入，上下黝黑，墙壁作煤气，石际有水阴淫，少进，阴风袭人，顿觉凉适。有奇兽、猛蛇及神像，有大蛇旧蟠石。后深入，得一棚。相传前时某忠臣逃难，由此得出之洞云。旁出一洞，蜷乃可入。中供一神，无他异。此与肇庆七星岩为仿佛，惜未两穷其胜也。回至石际，土人泅者无数，赏之钱，令取海物出，则深入石罅，以海螺等物献。因携之归，复回原路，至富士见亭少憩，乃罢游。同人各购细贝数种，余得砚二。返至浴处，见浴者皆覆沙上卧，甚有少女成群作水嬉，恬不为耻。此海滨为日本海外与太平洋相接，水味甚咸，作碧色，久浴者身辄脱去薄肤云。由此沿岸，为东京湾要塞之地，平衍无守备，虽水近岸不深，然必不可不守处也。墨斋、养源皆就浴，余约谷人亦“濯足万里流”之举，然浪高直至胸际，令人豪壮，颇可为笑乐也。久之，始绕后山，过龙口寺行，仍坐腕车返，所过有镰仓名泉星月井，及甘绳神明宫，村社也。前日此处为开宗纪念五百六十年大祭，甚庆闹，惜来少迟耳。抵停车场。是日车夫疲甚，各赏至一元。至五时二十分，乃乘汽车往大船换车，直至横滨。此路计穿山底出者二，长里许。及至横滨，天已黑，幸六时三十分之汽车未发，与韵笙急趋之返新桥。计横滨至新桥十八里，新桥至神户一百七十七里（日本里）。到时换马车至万世桥，乃返外塾，已十时矣。是日止一饭，以健游不觉饿也。得寿平叔信、原桑侯司马信各一函。

戊寅，晴。平田氏以余前说，拟订延文学博士那贺通世演讲，而自次周金曜日往学校参观云。午，热不可耐，一室如蒸，执笔辄复置。闻省大学堂学生有相率退学之说，又桂匪未平，川祸复煽，深可忧也。岑云帅已调补川督，而赣抚李公兴锐移抚粤，盖以此。夜丑正，时闻地震者再。

己卯，日曜。早，阴雨。日本长冈子爵及近卫公二人为吴、孙事，前劝和学生，今长冈拟非曾学普通者，则不得留，资不如格者别送他校，而另须以纳学料作抵云。此速之去也。夜子正，地复微震。

庚辰，阴。早，初译《地质学问答》。午，与季良、展堂、小舟往本乡区书肆购书。此处医书最众，惜囊无多赀。日本医学程度最高，中人未有能译之者，深可恨也。书多医博士新撰，如产科、解毒、细菌学，皆有专书。

辛巳，阴。是早范君静生回国。午，雨。是日殊寒，如初冬。阅东人所著《东大陆人豪传》，论历朝亡国之繇，谓周亡如梅花，被打风雨，落非容易；秦亡如桐花，气势急激，仅开即落；汉亡如藤花，势日缩削，萎而后落；晋亡如荻花，风雨缭乱，随之而散；唐亡如牡丹花，其体偏重，不耐而落；宋亡如樱花，其力甚脆，遇风狼藉；明亡如菊花，凛然抗霜，决战乃亡。比拟甚伦，知言哉！

壬午，晴。阅东文言《海编副词表》。午，以骤译深进之书不易，更译《世界历史问答》，日五条，以此为率。

癸未，晴。早，更如王姜斋先生例，著《读西史通鉴论》，日两则。午，热酷不可胜。闻省中时疫变为骨痛，无处无之，病后即发红癍，虽不伤人，然无幸免者。平田语知明早八时往高等师范学校附属之博物馆参观。

甲申，晴。早饭后，与季良、筱舟、韵笙往九段候平田氏。劝业场外有体量器一具，从右旁隙投一铜钱，即可检视身量（内机甚灵，起足即钱落，针如故，钱大不中数或多投，则不可算，针亦不动也）。余就检得十五贯一目，每贯约当中国百两，合九十五斤有奇，为英量百二十六磅有奇。久未来，因先往。此博物馆为高等师范学校之用，女子高等师范学校亦同参观，设于明治十年。至第一陈列馆。初入第一为幼稚园恩物，各游戏具悉备，如纸牌、木板（如粤之七星板，以合巧为长），及各种游戏专书、各名人遗像。恩物者，疑有资于闻识，而异乎玩具者也。室又有一等炮舰及孔圣像,各种卒业牌附焉。第二为玩具,其中分为算术、缝取、地理、动物、时计、制木、铁叶、纸花、野兽等目,皆玩具也。以地理模形与英文纸牌教戏,余尝创行之,与此暗合,可喜。室又有万花镜、风琴、电池、暗箱,有船舰、屋宇、人物、兽畜等图画,及小儿钓床附焉。幼儿成迹物如剪花、织纸、作篮形之属,由各学校选之者也。第三为教场用具,有算盘、黑板、水注风琴、书函、两脚规。室有台湾小学校教科用书、中国之廷策、时文试卷、习字册,皆备以参考。小学校用腰机挂构造法甚详,且为图明之。盖身离桌之远近,桌离几之远近,目力、腕力与桌之远近,皆有大关系,一不得宜,则腰曲身歪,臂掣血搐,呼吸涸闭,将成痼疾。于是设各国小学校用桌式甚众,而英、法、美为多,亦最良。一人用之桌,有(邪)[斜]面者,有平面者,有有抽屉者,有无抽屉而二层可揭置纸笔者,有如上而三层者。两人用之连续桌椅,皆无屉,而英为良,以法国式合椅而英式分之也。第四为算术用具,算器悉备,而珠算最多。有指数器者,形式如木架,上横二柱,为子十四,下九柱,皆弯曲,自大而小,各有九子,亦珠算之一也。第五为庶物标本,各铅笔画在焉,自动物以至器物悉备。又体操用具、体格检查用具,及耳镜、身长计、手计、肺量计、肺量器在焉。第六为工业示教标本,教各种工业之器。第七为图画用具,有制图(郭)[扩]大器,模型附焉。北海道生徒各科成绩品如英文算术等,皆课程也,幻灯用影画者。又地层、火山、地震、冰河、沸泉等图。第八为裁缝品。第九为手工用具及制作品。第十为地理教授用具,有各地球、各色人种模型。各地球大小不一,有可分合者,有涂色不着字,令儿童默记覆试者(书字可涂抹)。室有各动物及人体图、人身模型在焉。第十一为动物标本,皆此类也。第十二为简单物理等器械及材料,有磁石计、聚电气器、电气盆、震动器、比里瓶、膨胀器。第十三为小学用物理器械,除各图外,有空气流通试验器,有水之分解器,有酸素中磷燃烧试验器,有燃烧匙,有瓦斯发生器(水素、炭酸、硫化水素等),有瓦斯干燥器,有瓦斯洗涤器,有炭酸瓦斯试验用竹樋，有酸水素吹管，有水素发生瓶并竹管，有水素铳，有亚硫酸瓦斯褪色作用试验器。以后为植物、动物标本，色色备列。有蛙发生之阶级，始如粟，八变而长如指，可资考察也。他皆类此。出，往入德门，入谒宣圣门，内榜曰“杏坛”。继进，两廊明敞，殿角森赫，为大成殿。入殿，启视圣像，则交手跏坐，右眼微异，若蛀，闻初来时得像如此云。像高四尺余，四配则二尺许，皆美木为龛，而涂以精漆。东人导游者亦谨恪甚，肃肃然无哗。出左廊，为第二陈列场。有矿物标本，有地学图。有教授用品，历史教授用标本则以古冠衣之属；有星学挂图及所用器械，而幻灯与地质幻灯在焉；有地理学教授用具；有化学器械及药品；有植物学教授用品。而物理学器械最众，分为七部：其一热学之部，为热管，为沸球；其二音响学之部，为琴，为蓄声器；其三静水、动水及气体之部，为水银挂气机，为吸上唧筒，为抑压唧筒，为吸水器，为水压试验器，为气压试验器，为泡准器，为验液质粗密器，为水平器，为水压器，为水鞲；其四重力之部，为远心力试验器，为转上体，为斜塔，为填锤轮，为摇马，为不规则板，为冲突球，为振子；其五力学之部，为螺旋，为绞车，为滑车，为单器，为齿车，为落体试验器；其六电气及磁气学之部，为摩擦发电机，为圆筒形导电子，为金簿验电坛，为绝电器，为起电盘，为积电器，为义泄电，为贮藏电池，为电炮，为电铳，为电卵，为磷光器，为无极针、湿电气针，为种种寒暑晴雨针；其七光学之部，为光线反射试验器，为圆锥形奇影镜，为三棱镜，为圆柱奇影镜，为凸透光镜，为七色版，为暗箱，为受光板，为水幻灯，为眼球，为种种显微照远镜。而几何实用模型与气象学器械（若雨晴计、日照计等）终焉。右廊为第三陈列场，乐器也，图画也，体操种种用器也，教育种种用器也，实业种种成迹也，历史之图画则妆饰也，女学校生徒之制作品则绣巾、结网之属也，木工制作品则雕琢木器也，染织标本也，制作顺序标本也，铁工制作品也，几也，桌也，方案也，皆备矣。学校用案，其模范寸法皆有度，足为式，然自日本人身矮为宜，若吾国仿之，自须别颁定制，而南人北人亦不能无异也。前进为图画阅览所，执券乃能入，然地狭，未得巨观，仅教育之籍而止耳。通观此馆所陈列，专属于普通教育，凡外国之物品悉备，计分四大纲：一为幼儿教育用具，二为关于普通教育上学术技艺之教授用器械标本等，三为学校建物之雏形图案及教场用具，四为诸学校生徒之学业成迹也。其旧圣堂大成殿左右回廊设理化学机械陈列场，乃备文字考察之用，将来更拟于此陈列关于中学师范实业补习学校之教育品云。返，而炎酷无似，如着身炽炉中也。夜，养源示以故所作诗词稿，词善言情，近秦、柳一派。

乙酉，晴。前会馆要日政府四事，长冈子爵与柏原文太郎等转圜商复，旋得悉：第一条别设学生总监督一员，应自我政府决定，后依议，监督未来则由中日绅士设法保送；第二条入文部省直辖学校者，许由同文、弘文、清华三学院保请外务省咨送，此等人须在校六月以上，及由成年之留学生二名保证并纳保证金三十圆以上乃可（银置会馆或银行，卒业还之），其在三校有事令退出者，不能由之咨送；第三条欲学军事教育者，俟福岛少将回京，许为竭力斡旋；第四条吴、孙二人归国，将来如再来，可无阻碍云。是日见蔡使谕文，力辩此事，且是日人防碍治安之说，日政府已知悔，而犹是之，可笑殊甚。然疾之已甚，斯乃无可如何之计耳。午，浩然有莼鲈之思，作暗香词一阕，养源和之，逝将汝去，情见乎词。余词云："无情无绪，算几时搁下，归思如许。容易悲秋，芳草黄昏竟谁主。几度登高西眺，甚抛得、梦烟离絮。但猛数客里光阴，惆怅棣棠谱。　　延伫，寂无语。似花外鸟言，不如归去。故乡何处？为尔才知别离苦。一事无成如此，铸铁错、恨真难补。告燕子，莫飞近，傍人门户。"论者以会馆所议四事，我政府未必能设监督，特以重日本绅士之权，多不以为然者也。晚，往牛込书肆购书。

丙戌，晴，甚热。译东文，颇不假思索，每时可得字六百有奇，大约日四千言，不难也。展堂得家信，闻变事初起，上游即有许令归国之意。今风潮少定矣，未知奚似。晚，往神田书肆购书。连夜风起作电，而蓄热不雨。

丁亥，阴。是早，振贝子自火车抵东京，弘文、成城各校生往迎者二百许人，余偕往观。十一时有半乃至，日政府有外务大臣以马车往迎，警察清道，弁二乘马护拥，简略而威仪可观。时阴雨，少顷，步往京桥留玩，随至日本桥、神田两区书肆，得地图数幅以归。是日展堂、斌贻迁居曲町，平田氏求茶砖，以所携旧清远饼与之。

八月戊子，朔。早，阴雨。浮田和民所作《西洋上古史》最称佳本，暇且译且读之。晚，养源以诗二律属和，即次其韵，云："抛却吾卢始爱吾，客中豪态尚狂呼。关河归雁邮程晚，风雨闻鸡剑气孤。远志早难羁伯约，新交容易失周瑜。着穿游屐终何往？歧路苍茫又有途。""一度登高一忆家，西风吹到夕阳斜。游踪着得千金草，诗思清于七碗茶。心似热香重又冷，学如买菜益之差。朝歌今悔回车晚，底事婆娑赋绩麻。"

己丑，晴。是晚，得粤中陶制军电，有"安心讲习，勿回"之语。

庚寅，阴。与养源、韵(生)[笙]往候展堂、斌贻，云："寓此殊寂寥，三矢君每共谈，且以围棋消喝，因得东人戏法三种，皆自棋局出。其一黑白子各三，杂行田字，中或横或直，彼此相截，以依一直线为胜。其一以五子，直线为胜，而彼此互下之。其一以黑白相间遍满，空其中一子，而随手拾之，线相连者可取，不通则对局者拾其展转拾取处，有善屈曲者，有能堵人使难拾者，孩子皆解之，不费思也。"展堂意急欲去，余约饯之会芳楼小饮。过午，乃回外塾。闻公使、学生两电皆到，以学生不安本分，公使办理不善，皆有毋庸议之旨。阅数日，而振贝子奉命来云。平田告知明日振贝子到留学生会馆相见演说，速成师范科、学院本科、警察科各公举一代表人，余勿问也。

辛卯，阴。八时半，与季良、小舟、墨斋至会馆，中陈设帐围，门外双悬龙旗与日旗，警察数人卫焉。留学生总代表为张君锳绪，各学生总代表为曹君汝霖，成城学校代表三人，周君家树、陈君懋修、余君玉龙，同文书院代表二人，廖君世纶、屠君宽，清华学校代表二人，蹇君念益、汪君櫄，而弘文代表则俞君诰庆、长君福、张君邦华也。少选，贝子与梁震东参赞诚等先后至，众道立，行学堂礼。贝子点首如礼，以次入馆。后帐下贝子宣言良久，大意以学生当务远大，勿负一时之气，勉励数百言。张君代答，以皇族出游，我国所初见，愿殿下归为朝廷大兴新政，且请以三事：一、请立总监督，以监学生，公使事繁，不及兼也；二、无论公私费学生，皆许学陆军；三、以会馆费力绵薄，请佽助也。贝子答以但求于国家有益，诸生有益，无不勉办等语。复行散班礼。是日到者三百余人，女学生六七人。以后送贝子登车去，乃约偕墨斋同往考察高等师范学校，时已十二时有奇矣。学校官立，在本乡区汤岛町三丁目，为旧昌平学校遗址，复于明治五年，称师范学校，六年设附属小学校，且设豫科，十九年加高等字，本科以外，附属有寻常中学校一所，多级、单级小学校凡三部，博物馆一所，馆即前所游者也。学科分为豫科、本科、研究科。豫科科目为伦理、国语、汉文、英语、论理学、数学、音乐、体操，研究科科目为伦理学、教育学、教育制度、行政法、社会学、哲学、美学、实验心理学、学校卫生、专科教育、儿童研究、教育演习。此外又有选一科目或数科目学修者，曰选科。生徒在学期限二年至三年。本科又分为四部：教育学、国语汉文、英语、地理历史四部是也。学部中又分科目，教育学部为伦理、教育学、国语、汉文、英语、哲学、经济学、法学、独语、体操；国语汉文部为伦理、教育学、国语、汉文、英语、历史、哲学、言语学、体操；地理历史部为伦理、教育学、国语、汉文、英语、历史、地理、哲学、体操。此二科随意则习独语。理科分为理化数学部、博物学部。理化数学部科目为伦理、教育学、国语、英语、数学、物理、化学、手工、体操，博物学科目为伦理、教育学、国语、英语、化学、数学、地学、植物、动物、物理、生理、农业、图画、体操。此两部随意亦习独语。修业年限皆四年。校中职员计校长一人，教授四十七人，助教授九人，助手二人，教谕七人，助教谕十一人，训导十九人，舍监三人，书记十二人。校中甚高，登阶者再，中堂右为会计系，左有受付所，廉为小使诘所，中为梯，分东西上。上三窗以内空气下两巷左右通，各室在焉。左进凡七室，第七教务庶务系，第六干事室，第五教官室，第四校书室，转而右为第二化学室，第一物理机械室，更尽为物理实验室。所皆整洁。物理机械室学生位作六行，层高每桌长八尺，坐四人，其教师案甚大，以便各种实验。外又有光学、电学各器。化学实验室桌上有屏，高等人，各种器械悉备，每桌二人。右进亦七室，第八、第九事务室。第十地学室，各种地质石皆备，及其图画专书。第十一农学室，各种害植物之虫皆有，以备参考，及蒸(溜)[馏]各器，以验各水有毒之状。右教室三，教音乐在焉。此楼下各室状也。登楼审视诸教室，自第十五室起，室足容六十人，黑板活动，高九尺，墙皆有花式小孔透空气。次至十六至十八教室，地大小相等，黑板有如寻常大者，然皆不射光，较各校之板为贵，盖于黑漆上加磨石粉以晦之，使不损目光，于卫生最要。次十九、二十图书室，室外设柜，杂贮各报。廿一为图书纵览室，入其中，蓄书三十一函，函分数号，号列书数十本，有总目，以便披检，皆以伊吕波歌字韵次编之。廿二为选科生教室。廿三为地文学教室，墨板三四。廿四为美术画学教室，有各种泥造人首及马头、花式等形，皆生徒所模也。廿七为普通地理学教室，约容五十人，大黑板外有画地球板焉。廿六亦教室，然甚狭，止容三十五人。二十六为植物标本室，室外有各种参考古物。下楼，自后出，外为操场及雨中操场。自场迤迤，为寄宿舍，选科生所居也。出校之右，方为附属之中学校。此校以养成就中等以上业及入高等教育之学校者为目的，学科分伦理、国语、汉文、英语、历史、地理、数学、博物、物理、化学、习字、图画、体操，修业以五年为限，授业料月金二圆，分为楼上、楼下。楼上为第四年级甲组教室，足容五十人，乙组视甲。第三年级甲组、乙组视四年。第五年级甲、乙组约容四十人。他有唱歌教室，生徒皆坐矮几，黑板画音线图以按之，有风琴二，贵者价一二千元，名阿丕呢奴，深益于人身脑筋，欧米上中之人皆解之也。楼下为第二年至第一年甲、乙组教室，是为十学级。又职员室、事务室。职员室为教师课毕退坐之地。梯下有直宿室，门者在焉。此校地甚狭，而布置井井不紊，可法也。热甚，回塾。夜，闻展堂、斌贻将以明早出横滨，乘博多丸返国，因修信与伯振兄。

壬辰，四钟起。黎明，雨。与季良、叔兰等出新桥，送两君者行，到者凡十一人，惜匆匆不能久谈也。返而数雨。晌午复大雨。

癸巳，日曜，雨。午，冯君幼伟耿光、许君汝为崇智到坐，为谈陆军战术。两君在士官成城学校也。夜，觉眼热痛。

卷　三

起八月初七日，即阳历九月八号

甲午，秋霖竟日。闻陶方帅有力请废科举之奏，此事于学堂成绩大有关系，不审能早决否，为之悬悬。午，雨不休，始编译《书字音东西合璧表》。余时方翻西史，故专于历史上地名人名考之，罣漏应尔，徐当广拓之也。振贝子及参赞各员助饮会馆千五百金。

乙未，早微雨。振贝子将游日光顺道返国，同人送至上野停车场。午，阅《农业新论》，为服部彻所著。夜，闻自横滨来者言，各省举行乡试，吾邑戴少怀前辈为江南正考官。

丙申，早微雨。午晴，与季良往曲町区三番町访伊东四郎，适不遇，返游于番町劝工场。有幼孩睡床，支铁为足，中织绵绳，上施帐焉，价五圆至三圆之间。是日得伯振兄自沪来信，论学事甚详。

丁酉，晴。早，往观赤城寻常、高等小学校。日本公立小学，寻常、高等大都合校，私立则多属寻常而不设高等，故往往一校之中，而高等人数多于寻常者。以此校设立于明治八年，而建筑则明治十九年。外有额，为渡边洪基所题。门外空地为男子运动场，内为女子运动场，未始课学，皆集于此，听其游戏，相朴追或竞走，各有一定场处，闻钟声则整肃排立，寂然无哗。教师出，领之徐行，鱼贯而后入门内。女教师奏风琴，足蹈皆应节奏。班次初未整齐者，教师徐徐倒退导之。校长森利平出见，与为礼，因入观各教室男女。寻常、高等每一学年为一室，或人少则合第一、第二年为一室，或第三、第四年为一室，其通例也。室广十二坪，机凡三十二，坐生徒六十四人，各室大率类此。亦有广至十二坪五合，机三十六，容七十八者，因地为之。有器械室，各规则调查簿及高等生、男生成绩品俱在焉；裁缝室，女子直裁缝时间则课于此；唱歌室，男女轮班习唱，夜间则此为实业补习学校课习之地，皆特别教室也。又有职员室，及汤吞所、小使室，皆在楼下。本校事务员矶贝马五郎导往观各教师教法。男教员为中川济、井上善人、田村邦太郎、大岳宽治、山内太七郎、川口和三郎、远藤真铁、森林正文、安藤刚毅，女教员为筒升十目、春山雪、小盐氏、西久保氏、集堂氏、铃木氏、野木氏，凡教师二十人，本科教师十四人，专门教师四人，校长及事务员各一人。各教师皆训导职也。学中课目，男子为修身、国语、体操、图画、唱歌、理学、算学、地理、历史等科，女子则修身、国语、体操、唱歌、理学、裁缝、算学、地理、历史、英文等科。教师教授之际极和蔼，且不求深，不贪多，不惮烦，殊为可法。观女生习体操，教师亦女子为之，习游戏随习随歌，抑扬抗坠，节奏都谐。观寻常二年女生裁缝，方教运针，盖最初级者。各携针黹匣，坐地上，教师就其不解者教之。观高等二年女生习球竿体操，教师为谷口谦造，男女生体操皆所教也。寻在器械室小坐，森氏款以茶饵，且出竹琴一具相赠，以表纪念。琴者，日本名，为校中学生成绩之品，削竹为之，小管而大柄，以之指示儿童教读者也。因调查本年三月生徒之数，计男女共九百有七人，男子四百五十七人，女子四百五十人；高等男子一百九十人，女子一百八十四人；寻常男子二百六十六人，女子二百六十七人。校中地尚宽敞足用，然无宿舍，课毕各散耳。平田氏为言，校地之广，皆有规定。东京土地价高，故不能合于规则。以通常规则言，生徒一人，必须一坪半之运动场始足也。校中授业料，高等男女皆纳七十钱，寻常男女皆纳二十钱，每年所得学费四千余圆，地方仍须补助银千余圆乃给云。此校与外塾邻近，不啻望衡，故加详也。午后与森君及矶贝君、春山氏、西久保氏作别，乃返。夜，平田告知各学校暑假概毕，以次上学，余仍有待也。

戊戌，晴。前者所为《东西合璧表》未备，然颇粗有所存拾，因更推而广之，为《译语人名地名韵表》，以首字元音相联，而以韵府例次之。穷一日夜之力，得千余条，自后稍稍易搜矣。

己亥，晴。早，往日本桥区观常盘寻[常]、高等小学校。常盘，桥名也，去校不远，故以名之。校亦私立，附属有幼稚园，其建筑美丽，甲于东京小学校，凡用银十三万圆。门列铁阑，中门之侧皆教室也，窗牖高敞，光明疏通。自右升降，所入室中，伞有架，屐有柜，人一屉，凡四百有六号，分榜生徒之名，别讲师职员及客用之屉三十有六。左所称是。即此可见综理之周密也。入应接所，校长水野氏出见，因导观各室。本校敷地坪数凡九百七十一坪，建坪三百三十一坪，附属建坪五十七坪，运动场三百七十一坪，廊四十八坪有奇。地方不为不广，然以每人一坪半之运动场计之，未免少狭，微为缺憾耳。先观楼上讲堂，堂奉日皇御容，亦即为唱歌室。时方教歌，二人一几，几高约九寸，凭肩二尺，宽尺许，长三尺有半，皆文部省所颁定适于十一二至十三四岁男子之用。教师奏风琴教之，中设谱记墨板，写其音节，歌则起立，齐发声，响震屋壁。然抑扬之际，孩童皆有自得之意。次观教室。室中分几分桌，两两排列，凡四十八人，楼厅皆两面洞窗，向背适宜，诸室如一。旋观开诱室。观保姆教之起立、叫应之节，甚率循，皆裁三四龄耳。日中则课以排板、谈话、排箸、排玑各游戏，盖其脑筋尚未能运动，以此练之也。观裁缝室，时方教高等第四年女子，故皆有几，几高六寸，长六尺，宽尺有五。观教画写花草小虫之类，女教师从旁晓谕，代其添水研墨，情谊蔼然。师生感情最为易入，故教小孩必用女师，即此理也。他室或有分几而合桌，每室人数多寡不等，大约四十八人至六十四人之间。旁门出为幼稚园，门内设供待所，为家人接生徒归者聚处，有几可坐。便所约百人有五所，中分职员、生徒，女子便所略多，大约平均十人而一。平田氏言：东京小学校九十余所，以此为最。十五区中以地方税设校谓之公立，公立较私立而少。大校中授业料，高等六十钱，寻常二十钱，例不得过八十钱以上也。每年经费凡一万五千圆。又言裁缝不能设桌，及唱歌室须远教室之故。又云:两人合桌,本甚不便,因经费不敷,不得已而用之耳。查人数累年比较表,最多者明治三十一年,至一千零九十二人,今岁则千三百余人,当更众也。水野氏出柏仓计数器相示,作三级,以方楮器书,自一至十五,数目其三,方绘桃,若鱼若球等属,所以颠倒变换,为教寻常一二年生之用,如为一鱼二桃等名,迭试之也。水野氏又言:其志愿将使生徒人人知东洋三国之关系,故于每教室必悬一中日朝三国地图,使之注目感触,自幼至长,当顾諟之也。应接所乃职员值宿之所,此地课毕皆散,无留宿者也。运动场侧有水饮,其水虽冷,皆曾过热度,使去微生物者。末至职员室,与各讲师觌礼。室中左右分男女坐,以便自修功课。设职员出勤簿,到否必记,不容偷一日闲也。教师为洼田贯一、伊藤雄三、秋叶民二、川边布太郎、近藤辰三郎、小向勇藏、河田郎、陶山谕一、青木久次郎、永岛丰海、三谷氏郎、石桥藏三郎、吉川鹿枝、木村惜绮、松岛华子、土肥松、井上图、玉金子天琪、石黑氏、平岛子、挪和田干子,凡本科十八人,专科三人。寻辞归,得粤中仙洲太守信,有劝令留学勉慰众望之语。

庚子,日曜,晴。早往日本桥区,观农商务省商品陈列场。场内陈置崇丽,有磁器品、丝绣品、葛布品、羽织品(有织天鹅绒为山水,取价六百元;一半身猫,取价五十元,皆极精似)、泥砖品、瓦制品、银制品、藤器品、玻璃品、锡品、漆品、皮器品、雕刻牙器品、玉细工品、纱品、羊毛品、药质品(如苛性曹达之类)、石蜡品、涂料品、铁制品、麦草品、鞭竹品及扇骨礶诘、豆麦五谷、笼灯靴伞、烟草(莨草、各国所产叶及吕宋烟箱)、蓝靛、梓脑石炭。其茶叶罗致中国各产殆遍,皆贮玻璃,以资考究生系类。所贮丝以中国所出与日地所产两两比较,其激发引导商务之法,真可畏也。中国寻常商品,品别为藏,然悉中劣者。米国之壁纸(类皮制,雕花殆遍)、法国之壁瓦(光磁绘花,美丽可观),皆特别品。又有在巴黎大博览会购回之英国玻璃器及藤几案,皆绝佳。此外为钟(标)[表]、为刀剪、为怀炉、为齿磨、为玛瑙杯、为风琴、为石制炼瓦、为种种海物、为机器、为枪铳、为纸,凡制纸之楮木附焉。

机器中则有织缀、制磷、寸卷烟草各种木机、铁机；其农桑一门，有贮蚕种室，高尺许，极密致，有濡桑干燥机、有驱虫器、害虫驱除器、(撰)[选]茧器、稻扱器、除草器、耙耢器、麦莳机、点播器，足见农务进步之速。今举吾国中土产，问之士大夫，且漠然有未知者，遑论毕睹，而彼乃罄我之土产而备列之，亦何怪商战之衄也！时十小时有奇，微雨，与墨斋、养源同往芝区，游于公园。园地极广，树木亦众，分十余号，有大章院、三缘山等处，皆神佛寺观，金朱剥蚀，犹夺人目。三缘山为说教地，妇女出入祷祈甚众。寺门外，金刚魔鬼，灰尘眯睛，无可驻足。雨少止，已正午，就近往三缘亭西洋料理店午餐。东人制西菜，虽不大佳，尚可食，价微昂耳。既登山，观伊能忠敬测地遗功表，自台德院出院内殿，供二代将军灵座，盖德川将军家庙故址也。徘徊良久，返曲町区，访伊东四郎。伊东夫妇同居，室无他人。其妻出献茶，并进饴果。所藏书有《地形学教程》，为行军之用，外无传本，为翻阅久之。伊东为书"推倒一时智勇，开拓万古心胸"语相赠，彼有志远大也，约余归国日偕往中国一游。伊东年二十七，其妻年十八，方在高等女学校卒业，善书法。傍晚回塾。

辛丑，晴。早以请退之不见许，惧官长之将信为可恃也，为书与仙洲太守存之，以纪其事，皆实录也。云：曩修寸械，以东瀛之不可留为请。月之一日，先得制军止电，旋辱赐函，谆谆以全粤学事为计。追维尊意，得毋以所请为莽于从事，怪其不顾大局，筹办之不易，而轻率败之乎？果以此言，则莘莘诸子当有能体此意，而愿增覆篑以几落成者。然甚恨夫所见之浅，未有举相讳不言之腹瘕以上白者也。稚晖孝廉为吾粤师范生之原动力，遭此奇辱，本当拂袖。今既无恙，得长冈诸公之转圜，宜可勉强为一惭之忍。所难堪者，学耳。东人非无深沉博识之士，然皆声价十倍，不易招致。院中承乏教习，乃十年前规模未备之高等师范卒业生，足未出国境，见识庸陋。而近所改聘翻译某，于教育为门外汉，粗举大意而已，不能有所发明。又重以限于费，而无参考之书，惘惘然如瞽之无枨也。所习者，惟东文为有功，然以深恝之力，一月而通其意，两月而读其书，何处不可学，亦何假万里以学此区区为乎？如执事信夫来游者皆有师范之程度，(第)[弟]以此一游，扩其闻见，则他非所知。窃以为精神可惜，岁月难得，以六阅月之所耳授，曾不足当一月所观教育之书，而又无新理之获，事之无益，孰甚于此。夫明知事之无所得，与本来之宗旨相刺谬，而犹泰然窃其名，内疚心而外以尝(世)[试]，是为自欺欺人。自欺欺人，而苟以塞责，此非赓麟所敢出也。赓麟虽不敏，然窃睹末流之文饰，凡于学界、政治，皆持不必太认真之宗旨，每当其身有所利害，辄以侥幸苟且为得。以为吾明知此事之无益，而姑溷身焉，世以粉饰市而固将以粉饰应之也。若此之思想，皆吾国种种之痼疾，每每念此，辄为中国前途痛心，岂及今而躬蹈此？今诚仰体制军之苦衷，与夫执事力为其难之初旨，不敢以此为身外之事，自当度外祸福，勉图厥终。区区之意，将俟嘉纳氏之东还，力劝其更延名教育家，以为桑榆之补，而又留心考察其中小学校之建筑、管理诸法，以为实验之资。舍此，盖无可以酬执事之谊者矣。此邦秋早，成绩行复不远，脱嘿嘿焉转眴瓜及，即号学成，外盗虚声以自荣，度亦能之，而自问固不忍也。执事之明，当无不察，恐未完其实，故虽奉令无罪，仍一吐胸臆，以通世俗之所讳而破其惑，执事其何以命之？下略。午与紫明叔信，又发粤信第九号，且致展堂。夜，出神田区，商明日酒约，遇雨而归。平田氏为言，土人以中秋为(圆团)[团圆]节，旧俗尚有存者。晚间祭月神于椽侧机上，供果物、团子，点灯，插瓶内以花卉。花卉用芒荝，果物则甘瓜、玉蜀、黍芋子、栗子、梨子、西瓜之属，半与中土同风，亦有月饼，名为月见团子，较小。

壬寅，中秋，是日时雨时晴。中院停课，频日欲购东籍，实恃其转翻欧西之书，至今大备，然肆上新译之本绝少。盖前数十年，图籍皆从西方输入，近年则此邦学士各有心得，所出无非自著之书矣。此亦翻书之效果，进步之现象也。午，偶有感，成一律，云："耽吟无处不诗囚，结习难忘兴未休。海外相逢惟有月，客中容易又悲秋。新游聚散都如梦，浊酒牢骚偶写愁。我欲乘风归去也，一天寒意隔琼楼。”季良、小舟、韵笙、养源皆次和。夜与诸君及叔兰、墨斋、孝芬团饮，飞觞斗令，甚豪，以同人见和之众也。席后，更次前韵为诗一章，云：“战退诗魔又酒囚，觞飞无算醉无休。十年词笔风流债，一曲箫声天地秋。身与文章俱历劫，胸除块垒尚浇愁。五云极目星辰近，西北高寒拥玉楼。”时雨声拉杂，庭院生凉，已而月出，相与步赏，因至元町访季卿等，归后，复雨，至丑正，月色皎洁，阶下如水。

癸卯，晴。夜来赋《高阳台词》一阕，录之：镫摇影红，篱根蹴碧，深深帘外如烟。秋也无情，良辰在奈何天。姮娥似解相思苦，照离人不到尊前。更那堪，惆怅黄昏，都付吟笺。　　商量庭院萧疏处，好移尊就石枕，月成眠。一半清辉，留将分向南边。病蟾明灭年年懒，倩箫声、吹出团圆。且消停，中酒青衫，无限情牵。晚得《离骚》，卧读之快甚。

甲辰，晴。早往小石川区原町，观京北中学校。此校系私立许可者，开于明治三十二年，内附哲学馆。先见校长、文学博士井上圆了氏，及干事兼教员三石贱夫，导观各教室及图书室。其学科课程分为五年级，所教为伦理、国语、汉文、英语、历史、地理、数学、博物、物理、化学、图画、唱歌、体操，而补习科附焉。时间由少渐多，大约每周二十八时至三十一时之数，补习科则每周二十五时而已。所学皆属普通，然物、化之学，亦必第四学年以上始教也。计中学校生徒六百人，分为十二班。月谢，第一、二、三、四学年每人二圆，第五学年每人二圆五十钱，束修一圆。此外每月纳校友会费十钱。校中一年所用经费凡万五千圆云。生徒皆设级长、副级长，一年任满，投票以定，而校长命之。组长、副组长亦然。评议员则由教授会而定。校中评议员皆教员兼之，三石君其一也。校长一人，校长辅佐二人，教员二十四人，干事一人，评议员五人，学校医一人。又有监督学舍者，为校长及教员之居宅许生徒之止宿而监督之者也。其食料、舍费及监督料，每月自五圆五十钱至六圆，月谢二圆五十；级者月谢为二圆五十钱，杂费月一圆至一圆五十钱。哲学馆生徒现有三百三十名，月费每人二圆五十钱，年中经费五千圆。学科分为教育、哲学二部，每部分为第一、第二科。教育部两科，科各为三年级，所教为伦理、教育、国语、汉文、哲学、法制、经济、英语，每周皆二十八时。入学时纳束修金一圆，授业料则第一学期金七圆，二期六圆，三期七圆。生徒之定员以三百名为限，每级五十名，皆三年而卒业。哲学部年限、学级如之，所教为伦理、国语、汉文、哲学、法制、经济、英语，每周皆二十八时，而于授哲学时独多。此外有入学试验，时选全科合格在半数以上者，许与本级生同听。修全科之讲义者为员外生，有依本馆寄附金规则，纳金三圆以上者为馆友，十圆以上者为馆宾。许于生徒缺员之最后列附听为听讲生，有已卒业而尚在学听讲者为研究生。又设豫科以为入学之准备，其学科为修语、国语、汉文、英语、历史、地理、数学、博物、物理、化学、图画、体操，每周凡三十时。入学试验每年四次，于六、九、十、十二月行之。受验者须呈入学愿书、履历书及试验料。其试验料第一、二回束修半额金五十钱，第三、四回纳一圆。入寄宿舍者每月纳食料三圆五十钱至四圆不等，舍费一圆。哲学馆教师现四十四人，并临时讲师凡六十一人，干事一人，通计地方凡三千八百坪，体操场凡一千零三十五年坪，他如来宾取次所、生徒控所、便所、汤室，皆整备。至博物教室，方教授矿学，其旁有小室，贮蜡人及矿油、矿石、植物枯标本，各鸟形骸。为拆视蜡人观之，心肺肠脏历历在目。后至理化博物教室，为试验各种理化学，以波动器覆纸片弦上以试震动力，以长短线击小球试动力久暂，以玻璃器小球试摄引力，又试干电、湿电及电力吸度。此校布置颇散漫，生徒嚣张，不如官立各校远甚，惟哲学馆之设则甚佳。井上氏所著心理哲学书甚夥，三石氏近出日本文典书亦颇便初学也。返后，午听波多野先生讲教育之目的及普通中学之学科。

乙巳，晴。早，读厥山生所著《露国与绝东》，内分八章，中言俄国之侵略政策与其获得日本海沿岸地方，占领满洲及旅顺口、西伯利、朝鲜半岛南岸之关系，其警句云："日本创业尚浅，即出于不得已而与外国交涉，岛国国民究竟非大陆国民之敌手。"又曰："无敌国外患者，国恒亡。露国果为日本国民之敌手，吾人不可不喜得此好敌手。"又论露国侵略之政策曰："其当局者，审察机会最敏活而富于果断迈往之气，必非庞大垂死之国所能当。"又曰："论者以设西伯利铁路之目的为专在于战略上，未得吾人之首肯也。盖空前之大业，实非露国经济之所能期，第循亚力山大三世之政略，以有益于西伯利之殖民及商工业之发达为主，而迅速运兵以事安求为第二目的。昔英儒克里士论曰：露国之手段与罗马相似，罗马之元老常为其国挟权谋术数以施之小国，甲国有战事，则以保护乙国为名，而起师干豫之。凡为罗马保护诸国，无不亡于罗马者。今之露国，亦波罗之保护者也，哥里米之保护者也，加不尔拉多之保护者也，兹约耳亚兹亚、伊美利之亚、绵古理亚及疵哀耳克亚种族、高加索种族之保护者也。先保护之而后占领之，自昔已然。此事可为寒心。"此言亦复悚人，录之以为警钟。午，秋色阴森，作秋感词，以探春慢调谱之，举体作迭字创格，以供一笑：冷冷清清，萧萧飒飒，声声断断续续。惨惨凄凄，高高下下，处处森森薮薮。莽莽苍苍里，更树树山山曲曲。沉沉雨雨风风，依依红红绿绿。　　事事颠颠倒倒，甚主主宾宾，歌歌哭哭。梦梦魂魂，朝朝暮暮，日日回回辘辘。碌碌年年，是又一一翻翻覆覆。渺渺绵绵，悄悄零零独独。午后，大雷雨，怒风撼壁，树木谡谡有声。

丙午，晴。早，译文学士大原贞马《万国小史》，此为寻常中学教科目书，简明适用，故急译之。凡泰西人名、地名，以东西文双注之，创法亦善法也。夜，君典到坐，留宿。时已于成城学校卒业，本大学豫备科也，故入农科大学。

丁未，日曜，晴。早与养源、季良、憩棠、韵笙访冯君幼伟于市谷加贺町陆军士官学校。此校依山筑址，规模闳壮，地在万坪以上。入其中，如别成一乡者。然访友者必以日曜，门者诘主宾姓名及某日某时，注凭符给使入。及至内门，守者验符，禀命监者盖印，引入应接所以待。及去，则缴符，而后可出。其严如此。幼伟导观各自习室、寝室、讲堂，制皆轩豁。其自习案亦甚大；寝室被、毡、床、籍以及靴、带悉备，皆学堂所给也。其枪用三十年式，为试演解说，极灵动周密。讲堂深二丈许，广丈四尺有奇，设位甚众。时日本生徒六百余人，我国生徒仅二十五人，多设其数，以俟来者也。入者殊苦，每每出操，一日步走五十余里，困惫不堪。凡习陆军者类然，故陆军而以私费来者，实绝无仅有，最可嘉赏，宜力护之以企其成迹也。学科分为步兵科、(县)[骑]兵科、炮兵科、工兵科、辎重兵科，所学为战术学、兵器学、筑城学、地形学、军制学。每日午前学科课毕及补修学科外，午后于通常自习室及讲堂课应用作业，以熟习各学科。大率战术、筑城二学回数最多。各科俱以一年为毕业。生徒皆以中央幼年学校或成城学校卒业，及已进联队实习一年之程度，乃可入之。学费皆自官给。吾国学生入此者，每年须纳金三百元为学费及衣食费。参谋本部理之，今校长为青木作藏，陆军少将也。又观操场旁所设堑，深广各丈许，石如悬崖，使学生试爬山之法。其他圆木作桥斗走及高架跳跃之类，不一而足。校中置炮甚众，有二十四珊米炮，重量二千七百十七吨。观览良久，始出。校设始明治七年，旧尾州邸地也，旁即中央幼年学校，独往观之。此校滥觞于德川所设横滨语学所，明治二年始归王室，乃移前所于大阪，改属兵部，寻称今名。凡地方幼年学校卒业，十三岁至十五岁未有室者，试以中学一年修业学力，如读书、作文、算术、地理、历史、理科、图画，乃许入之，使习普通学科及军人预备教育，以养成陆军各兵科士官候补生。卒业者由总监命为士官候补生，配布于各队。所学分为教授部、训育部。教授部科目为伦理、国语、汉文、外国语(法、德、俄)、历史、数学、理科、论理、图画。训育部又分为术科、学科。术科科目为：各个教练，柔软体操、器械体操、射击、野外、勤务、距离测量、狭窄射击、剑术、马术、喇叭听习；小队教练，小队射击、路上测图、号令、调声、游泳；中队教练，卫戍、勤务、步兵、工作。学科科目为军队内务书、步兵操典、射击教范、野外要务令、武器装具名称用法、装鞍法、用马法、马名称、各种兵之性能及所用武器、陆军刑法及惩罚令、陆军礼式(以上诸书俱摘要)、军制大要、路上测图、卫戍、勤务、工作教范、急救法、赤十字条约。每年一回野外演习，往返六日。每夏季游泳，往返十六日。此校又兼设地方幼年学校，凡地方教授部，科目为伦理、国语、汉文、外国语、历史、地理、数学、博物、理化、示教图画、习字；训育部术科科目为敬礼法、各个教授柔软体操、器械体操、部队体操，学科科目为敕论读法、服从定则、称呼起居、军人统属及阶级、陆海军之服制、陆军礼式、勋章种类、旗章徽章种类，又并以击剑、柔术二者为随意科。本校校长为伊崎良熙，此外设副官二人，军医、兽医、副监督各一人；教授部教头一人，各科长七人，外国教师各一人；训育部中队长三人，马术教官一人。凡地方幼年学校有六:东京、仙台、名古屋、大阪、广岛、熊本，此其附于中央者也。

戊申，阴雨无聊，空庭寂寞。自课后与养源为诗钟作嵌诗之戏。午读海江田信义子爵所著《私议考案》。此书论政府方针当确立国体，发达民性，凝结人心，休养民力，严整武备，简易法令，又论大臣之箴规十二事，甚有见地，亦吾国冯林一、汤蛰仙之俦也。其论国体比于人体，云:“国家之大小不在土地之广狭，而在人口之多寡；国家之贫富不在人口之多寡，而在民力之勤怠。假令土地广大而无人民居之，则露国、清国之自夸其版图，何异波斯、亚拉比亚之沙漠，亚非利加荒僻之内地；令人民众多而懒怠孱弱，无勤奋勇为之精神，则印度以二亿六千万之人民，而受三千余万英吉利人之羁绊，爪哇二千万之人口，乃为五百万二和兰人所压制，此岂非人口土地之不足以表国家之大小乎?”其言有味，故译于此，以儆同志。夜，与平田氏谈，且叩和文中汉字为现出书所未编者。三岛通良博士所著《学校卫生学》云:“学校卫生之要，第一光线，第二便所。”今塾不洁殊甚，不审舍监所司何事也。

己酉，阴。午阅骥尾日守所著《心理不灭论》。此书专驳有贺学士所著《宗教进化》之误。所谓心理者，即灵魂之意也。听波多野氏讲教科之排列体操，后回塾。

庚戌，阴。是日以日本秋季皇灵祭休业。各庙院祀事甚盛，焚香喃喃，手持树枝，绿叶森茂，属目皆是。户各双悬国旗，以致敬饗。后与季良访甘君璧生、杨君梦波于长野屋旅馆，因偕三人及日本人大泽氏往早稻田町，观东京专门学校，即所谓早稻田大学也。芳塍远近，间以他卉，竹菁深处，高可隐人。校与高原上头楼馆相望，涂以白垩，前接荒田，后负松杉，遥对月白、音羽诸山，为东京幽静之地。校本大隈重信伯所设，为司法省指定学校之一，所学分大学部、专门部、高等豫科三种。大学部置政治经济学科、法学科、文学科。政治经济学科科目为政治学、经济财政学、史学、哲学、法学、统计学、外国语文学、论文。法学科科目为国语、法学通论、民法、商法、破产法、刑法、诉讼法、裁判所构成法、经济及财政学、国际法、法例及国籍法、罗马法及法律哲学、法学实习及诉讼演习、外国语。文学科科目为哲学、文学、外国语。专门部置政治经济科、法律科、行政科、国语汉文科、历史地理科、法制经济及英语科。政治经济科科目为政治学、经济学、财政学、史学、地理学、哲学、法学、外国语、论文及讨论，法律科科目为国法、法学通论、民法、商法、破产法、刑法、诉讼法、裁判所构成法、国际法、法术及国籍法、论理学、法学实习及诉讼演习，行政科科目为国法、法学通论、民法、商法、破产法、刑法、诉讼法、裁判所构成法、国际法、法术及国籍法、经济及财政学、论理学、法[学]实习及诉讼演习，国语汉文科科目为伦理、教育法、国语、汉文、英语，历史地理科科目为伦理、教育学、史学、社会学、地理学、英语、国语、汉文，法制经济及英语科科目为伦理、教育学、国法学、法学通论、民法、经济学、财政学、国际法、英语、哲学、历史、地理、国语、汉文。又别置研究科，分习国法、行政法、国际法、经济、财政、民法、商法、哲学、史学、英文学、社会学。凡大学部、专门部修业各三年。大学部学费前期一十八圆，后期十五圆；专门部学费则政治经济、法律、行政三科，前期金十二圆，后期十圆，国语汉文、地理历史、法制经济及英语三科前期金十五圆，后期十二圆五十钱。研究科年限自一年至三年，学费年金三十三圆。高等豫科者，入大学之豫备，其科目为伦理、国语、汉文、英语、历史、地理、国法、经济、簿记，年限为三学期，第一期学费十圆，第二期十五圆，第三期十二圆五十钱。其寄宿舍月纳会费一圆五十钱，月俸五圆五十钱。有图书室，可贷付书籍及阅览。自第一以至第九教室，案皆长六尺许，几如之，位置作屈折形，大者容百二十余人，小者亦六十余人。或布几鳞次列置两旁，中作甬通，可见教室陈置之无定也。各讲堂皆悬电灯，间有夜讲者。大讲堂前狭如束，广丈六尺有奇，后广两倍有余，约四丈许，深可三丈，生徒九百十余，坐可四五百人。玻窗极大，甚通爽，惟壁作白垩，与学校规法少碍耳。生徒控所有几案，可坐，亦甚整洁。庶务系外有教育各书卖捌所，代售各书。校中有早稻田学会，发行早稻田学报及讲师讲义录，讲义凡政法文部皆有之，读者每科月谢五十钱至六十钱。现校长为法学博士鸠山和夫，有学监一人，会计、监督、干事、寄宿舍长、副长、图书馆长各一人，讲师合嘱托者凡百四十余人，生徒约三千余人，中国人仅五六而已。出，观附属中学校。校分五年级，所学为伦理、国语、汉文、外国语、历史、地理、数学、博物、理[科]、化学、习字、图画、体操十三科。东人谓其设立虽晚，而介于普通诸学校之间，毫无逊色云。学费，入学金一圆，授业料一学年金二十二圆，寄宿舍费每月一圆，食料五圆，杂费二十钱。此校禁绝吃烟，最为诸校之美风。其中又设实业学校，分四年级，教室凡十有八，有实验准备室、理科教室、铳器室及体操场，皆井井有条。寄宿舍中，彼都学生住居颇多，书声琅然，出于竹际，清雅可听也。校长旧为大隈英磨氏，今闻文学博士坪内雄藏承其乏。实业学校校长则法学博士天野为之。两君皆博学通才，著述甚富，东方之表表者也。晚散步，因与辅臣、季良、小舟往音羽町音羽山护国寺。此寺规模宏大，外门灯塔、金刚森列在目。其内登山百级，殿侧铜像观音高六尺，余作古落色。殿前夹树垂荫，新义真言宗丰山派寻常、高等小学林在焉。又冻死联队军人亦为树宝塔于此，以志纪念。其后荒碑古树，尽坟茔地也。绕殿而左，一感旧碑，为三条实美，而立树于明治二十五年，记云：“当文久三年，阙下变起，公竭力提倡，迄于维新，为相者二十四年，以疾卒于位。天皇震悼，辍朝三日，海内且哀痛，而况当时共艰难者乎！”云云。三条卒于明治二十四年，此碑为侯爵四条隆哥、伯爵东允世通禧等之祠，亦叔子岘首山之比也。更有大限重信伯纪念碑，大限为进步党首领，今尚无恙，然少龙钟矣。尝为党人伏药，炸之坠车，足受毒甚。舁归，晕绝，其夫人急以利刃斫去其足，乃延医治之得愈。然民间名誉最善，得人心者为举国第一。时天晦星敛，夜寒欲雨，遽归。

辛亥，晴。早，往神田区观高等师范学校附属小学校。此校设于明治六年，以使师范生徒习实地授业为目的。建设之始，先置下等小学课程，而后置上等小学课程。三十年来，其教则屡经改定。盖凡国中小学校之教法，一切新定规则皆先在此试验，然后颁行，故参观小学校者，以此为最善也。先见主事森本清藏君，以嘉纳氏招待之意，款接周至，为言：“小学校之教师，倍难于中学，必求所以易入学生之脑筋者以为教，而后有功。即如读书算数及其教授法书，不徒读，必设计编，使其易记。地理、历史及世界之事情，皆关最要，算术亦然。君等回国，恐本邦人不察，轻视所得，以为留学归者不过如此，于教育之前途将生阻力。莫如各就一邑，开一师范学堂，招四乡之青年，举六月中所学传教之，一年而毕，又易他人。如此可以储无数师范教员。日本维新之初，亦行此法，最善且速也。”按此本嘉纳氏之初旨，稚晖之著《讲习会缘起》详言之，迨入东之后，宗旨一变。省中大吏但求为学堂得教习而已，不知学师范之教授法不过其机轴，而历史、地理一切专科，非别有根柢，不能腼为教师也。虽夙知门径者，亦可黾勉以图，然已未必其所教之得，又况诸公者并非一时之选乎！校中分为二部，皆多级编制之学科。第一部寻常生科目为修身、国语、算术、历史、地理、理科、图画、唱歌、体操，高等生科目为修身、国语、算术、日本历史、地理、理科、图画、唱歌、体操、英语；第二部寻常生科目为修身、国语、算术、体操、图画、唱歌、手工，高等生科目为修身、国语、算术、日本历史、地理、理科、图画、唱歌、体操、英语、手工，女子则裁缝。第一部高等生二年卒业，其余各四年。教室凡十有一。寻常第二部第三、四年，高等第一、二年皆合室。其特别室如裁缝教室、器械标本室，视他小学为备。而唱歌教室则附于讲堂。校中生徒，第一部寻常定额百六十名，高等限八十名，以四十名为一学级，授业料皆每月金一圆五十钱；第二部寻常、高等各百二十名，以三十名为一学级，授业料寻常不征收，高等五十钱。设主事代理校长，教员二十余人，为教谕村曰宇一郎、棚桥源太郎，助教授冈山秀吉，助教谕东海林运三郎等。此校定制，参观者必在教室，先学生而入，后学生而出，讲授时间不能妄自出入，以免纷学生耳目，而不专于受讲。先观寻常一年教室，方教字母；次观寻常四年教室，方教理科初级，皆极得善诱之法。即如理科，讲一秋字，先释为某月某月；次论气候，其时为凉，为暑寒之过渡，解其所以寒暑昼夜之故；次及其草木，有几种根芽如何发生，如何而叶、而花、而实、而甘美可食，其鸟兽虫有几种，如何食，如何住。语极琐细，杂以谐笑，使儿童欢悦，生徒皆循循，乐受教焉。次观唱歌于讲室，男女合班。雨中体操场及体操器械置场皆整齐可观。后观理科标本室，中列矿学、力学、重学、电学、气学、物理学、植物学、动物学各种标本图画及蜡人形二，又各化学药品、助力器械皆备。森本氏约令，他日有暇，可复来深考其教授之法，遂别。午后听波多野氏续讲教授之材料之选择云，分四种：一为阶级的，二为圆周的，三为历史开化的，四为年龄之顺序。此四者，皆未臻全美。然除此四种，更无教授之法，当择地方之所宜而行之耳。

壬子，晴。午与墨斋、小舟往九段日本体育会。余定自下月往习器械体操之类，一铁棒，二栅棚，三木马，四手折，五跳绳，六跳台，七梁木，为阶梯回秋千吊铁，八转铁，九溪动圆木。凡入会者为二种，甲种为豫求一月之切符、受正则教授者，月金三十钱，兼学铳剑术，或射的术者，月五十钱；乙种为临时入场、随意运动者，一日金一钱。凡愿者，须先备愿书，略云：今般器械体操部练习生，依志愿御许，可被下度此段，相愿候也。后署姓名，呈本会。模范体操场场长殿井隆典，每日午后一时开会，教师三时到教云。遇范君旭东源让，静生之弟也。旋往六番町乐声会，此为有名乐师纳所辨次郎所设，以教授音乐为主，所授之业有乐器部、唱歌部。乐器部授业料每一周学一回者，月费一圆三十钱，二回者月费二圆，三回者月费二圆五十钱；唱歌部授业料，每周并学二回，普通者月费一圆，特别者月费二圆，束修金均一圆。东人于音乐一道极留心，此可见也。晚，秋镫夜雨，寒气侵肤。

癸丑，阴雨。晚，平田氏以明日孔子诞日，欲同观礼，且采影，以志盛事。

甲寅，日曜，大风撼树，惊雨打窗。同人晨集会商，设先师位，供花果、饼饵、清酒，余走笔为祝文以祭。其文曰："世界鸿蒙兮，丁道之否。人文未开兮，教宗爰始。彼瞿若婆兮，亚东陈轨。惟苏与柏兮，西方后起。有余年兮，乃生孔子。嗟我孔子兮，瘁于周流。济世为心兮，违而改求。忠孝慈友兮，伦理大猷。仁义道德兮，修身所优。嗟道之晦兮，孰知其由。马郑训故兮，失之固凿。陆王心理兮，求之冥漠。圣道日新兮，不偏不驳。大哉孔子兮，东方哲学。勉勉后生兮，蒙学萌芽。射御何执兮，专门所基(叶嘉)。启发靡惓兮，实而不华。大哉孔子兮，教育名家。富教兼商兮，要言不烦。九经所施兮，大道用存。济济群弟兮，为我屏藩。大哉孔子兮，经济之门。衮衣之治兮，遐迩同风。百王治统兮，萃于龟蒙。期月三年兮，固有近功。大哉孔子兮，政治之宗。耶回释道兮，权力相转。宗教潮流兮，孰渐而远。顾念西方兮，愁云不平。耶路致祭兮，教宗所争。流血百年兮，十字军兴。吁嗟吾教兮，三年不鸣。莽彼齐鲁兮，车旗烟烬。衣冠酣宴兮，坐视何忍。嗟我后生兮，逐末忘本。日月并明兮，吾道何损。呜呼！渺渺章甫兮，冥冥越裳。仆悲马怀兮，惓余旧乡。鸿飞西南兮，翩然翱翔。混混尘浊兮，大地茫茫。宗教合一兮，企彼东方。群流奔澎兮，汇于素王。再拜释奠兮，庶其来飨。"余偕众衣冠将事拜毕，墨斋抗声歌故大同学校祀圣乐歌三章，众合声和之。平田氏亦礼服，行鞠躬礼，且索祝文去传示东人。方拜时，冥风沈雨，转瞬晴霁。虽大风喑呜，而暄燠不寒。憩棠、彝庵等遂留，为文燕之会。午，为墨斋书折扇。晌后，风雨益大。夜，置酒并饮，平田沈醉，尽欢。是日，学院新构之舍或为风所撼塌。得寿平叔信。

乙卯，晴，风甚烈。濒日大风，日本沿海各地又加以大水，相州、小田原、千乘、国府津、静冈皆海啸，摧屋宇伤人无算云。学院颁冬服衣袴各一袭。

丙辰，晴，转有热意，此方天气殊不正也。午头觉不适，岑岑然，颇疑勤苦之过甚，然自制綦难。

丁巳晦，晴。午后与墨斋、季良往体育会纳愿书，取回入场券，为每日到场之据。校长为高岛平三郎，教师津崎亥九郎。遇范君旭东、黄君福培润贵及陈君匡一。黄君，新入学习者也。新定时间割表，除日、月曜休业外，火、木、金曜皆于三时半，水曜于二时半，土曜于一时半教授。盖学班有新旧，视人之众者，定其次序也。已观范君等习枪击，遂试演之，旋返，得紫明叔手信，知汇来银四十圆。

九月戊午朔，晴。早，往曲町区富士见町二丁目，观富士见寻常、高等小学校。此校形模颇类赤城附属，有幼稚园。入本校之章，凡学龄未满者，不欲修普通小学科全体者，痘疮未济者，有妨害于本校之教育上、卫生上者，皆不许入学。授业料：寻常科金二十钱，高等科金八十钱。入幼稚园则凡年龄满三年以上六年以下者，痘疮既济者，无妨害于保育上、卫生上者，皆许入学，满六岁后届退园，则可编入寻常科第一学年。其授业料金八十钱。教师男十二人，女十一人。其女生全用女师教之，然自高等四年至寻常一年，皆分男女，且或至一级两室。盖生徒众多使然，此所独也。教室二十有二，此外尚有唱歌教室、身体检量室、机械标本室、图书室、宿直室、成绩品陈列室、会计室、应接室、教师憩室、汤室、男女便所皆备。惟裁缝不设所，悉于本室中，而本科教员兼任之也，别设专科教习五人。观幼稚园，园因山势而建，在操场之侧，保育室四，皆教以戏弄木片之属，保姆三四人导之。室中合桌，男女分坐。别大室一，衡丈四尺，直丈八尺，四洞窗，以取空气，高仅七尺，设矮几、帽架。带之周旋室中，或分或合，皆有次序。侧奏风琴，以导其节奏，且歌且蹈，甚可观也。午后，与季良、小舟往体育会，见津崎亥九郎。同学者日人十余，大都卒业生研究者，教于飞桥上步行，及木架中反子跃进之法。

己未，晴。午微雨，往体育会，学铁棍下转进、屈肱、悬垂诸法，此为体操初级，然遽不易学。彼日人自幼在小中学校素习体操，故身轻善跃，能运力于臂，吾曹卒不易言，躯干长大者，尤难也。归，惫甚。

庚申，天气阴。适步往左近圆福寺正定院等处闲玩。午后乘火车出横滨，至海岸十六番复兴昌访董君阜成，晤其子乾刚，及郑君金绥，皆宁波人也。留晚膳，因发粤中第十号信，且复紫明叔。时已深莫，董令袁君承富送往高野屋，且谈良久。袁年裁踰冠，已通日、英语，且能操粤音，海滨大有人也。方今用才之急，与其责效于训故秀才而强变之，毋宁取商人子弟之俊颖者而用之为得，是在善驭之者耳。

辛酉，日曜，晴。早起，坐急行汽车回东京，遇番禺许君熙平，商于此二十余年矣。横滨华商甚众，而广帮尤多云。抵新桥，换腕车回。入南谷劝业场，及京桥第一、第二劝业场，纵览京桥商场，甚大，次于新桥过锦辉馆。是日适留学秋季大会，到者三十余人，以投票事公选干事，且驳前者定约四条之失。新举者凡十二人，粤之冯君稚强斯栾、马君君典与焉。冯为法科专门学生，程度颇高，使当时轇轕交涉，干事皆能如冯所约，当不至此也。午，在邻园得丹桂数枝。

〈百三十有四〉

壬戌，晴。前白庶务监督令厨人勿供腐鱼，过顷辄忘，以监督之令，不能令于厨工，殊不可解。因群请发回食费自办，而舍监又诿不可，必欲待校长之归，其实则日人牟利极工，食费所给甚微，有并不可令人闻者，故坚不欲自食，以失所渔之利也。余正语之曰："舍监有舍监之权力，即有舍监之义务，若事事不能代理，则学生不能认此无权力无义务舍监！"是日中食竟缺，乃与同人往风乐园小酌。园为辽东人所设，地方幽邃，馔器精洁。既愤东人之欺诈无信，又悲良骥之御于伧父，浊酒块垒，为之怆然。

癸亥，晴。午，听波多野氏讲教授之方法。作秋怀一首："天寒虱不跳，风急鸟方喜。翳翳深林中，萧条众芳靡。悠哉行远人，歧路苦不止。固知进步难，孰念覆吾轨。所过尽榛莽，何处访兰芷。我歌归去来，客云聊复尔。卧读马蹄篇，灼箝固如此。"

甲子。午，晴，往体育会学走木、跃绳、缘板诸法。夜，雨甚大。

乙丑，晴。早往牛込区箪笥町观爱日寻常、高等小学校。校为市立，建于明治十三年七月，建筑地五百六十七坪，内崖地三十三坪有奇，校舍建坪三百三十五坪；普通教室凡十六，共百八十六坪，生徒匀计每五人得九九之数，特别教室凡二地二十四坪，特别室五凡二十四坪，总凡二百三十四坪。运动场在门外，甚宽敞，中悬爱日学校额，为三条实美所书。校长小泽卯之助，为专门体操教师，其余教员男女凡二十五人，凡高等正教员男三人，女五人，月俸自四十元至十四元；寻常准教员男女各一，自十四元至十二元；寻常正教员男五人，女二人，自十八元至十三元；专科正教员男二人，女二人，自十八元至十二元，共俸给四千六百九十二元。役员十人。男女寻常、高等凡十六级，男生寻常凡三百有六人，高等二百四十七人，合五百五十三人；女生寻常三百有八人，高等二百五十三人，合五百六十一人。授业料：寻常月二十钱，高等月七十钱，凡收五百二十八圆。观寻常二年男生、寻常四年女生教算法、书方及唱歌，其循循善诱，甚有法也。小泽氏特使女生操薙刀法击刺进退，略运气力，容止可观。并及女子游戏、体操。观罢，小泽更取刀为解说试演。薙刀者，木为之，状如中国之挑刀，杆长六尺，刃尺二，略椭圆，刃弯如钩。原铁刃，而贯铁条其中，今以木为之，小泽所新发明者也。现崎玉县女子师范学校及东京各学校皆通用之，经文部大臣及医学博士察验，以为有益于体育，为女子游戏、体操之一器，他日或当推广，遍之国中也。因以习薙刀操与不习者比较表相示，其发达程度确有征验。日本体育舍亦设薙刀体操专门科，亦以此。小泽又言："古时尝有此器，惟士人得用，平民不许用之。维新以前，嫁女之家以此为妆具，今则失其传矣。"操法本自西洋普通体操，而尚分上中下三段，段分十节。小泽试演良久，末又言："凡体操，无论如何，总以周身出力，胸脯开张，即能于身有益。"将午，别回。午后往听波多野氏续讲教授之方法。寻之体育会学攀梯、阶段、辟争诸法。闻振贝子回京，力请派学生监督东来，已邀俞允。

丙寅，重阳，晴。早偕季良、养源往隼町，访挚甫先生，且叩行期。先生于据案作字，自言忙甚，楮素盈尺，户外屦满，不亚诚悬、率更故事也。晤其少君辟疆启孙，昨年东来，现在早稻田大学。坐中严太史修，以游历官至此，日人早村新次郎，则将赴某省教习之聘者也。返，风甚烈，飘飘有秋意。午后与季良、养源、韵笙、小舟，携酒往小石山植物园中高处纵饮，下视池壑曲折，万松奔赴，游女蹁跹，歌声彻林外，日落始归。得诗二首："西风吹客上层冈，小石川前百卉长。箕倨科头名士饮，滑稽抵掌乃公狂。美人香草伤迟暮，今日山黄忆异乡。无数秋怀无限思，破除万事一飞觞。""黄花无赖战秋风，蔌蔌遥山万叶红。远地怀人芳草外，孤烟浮树夕阳中。著书未许成天问，余沥犹能酹鬼雄。见说舞台天气肃，明朝戏马赤城东。"

丁卯，晴。早，与墨斋、鸿芳乘火车往信浓，至青山大操场观操。场广可容万人，近卫第三师团营及陆军大学、东宫造营局工厂环之，马步兵往会者络绎不绝，然此小操也。秋高马肥，草枯风烈，令人生壮。思东人兵队无日不操，故随时可以远征，将操将校会话为之，长者演说临阵之要，互相诘问，深得古人讲武之意。吾国所谓整饬武事者，习而非讲，失之远矣。墨斋为论驭马纵控之法，因及选马。东人陆军用马，大抵印度、蒙古来者为多，皆雄壮可爱。将午，回牛込，中食后往体育会自习坐绳之法，旋往日本桥购书十数书归。晚，闻憩棠得父病之信，明早遄返，往其寓所话别。闻粤中大荒，旱象已久，深虑冬尽盗贼初炽，不富而教，为之奈何。

戊辰，日曜。早，送憩棠于新桥车场，到者十八人。客中送客，此为第三次矣。回，往京桥区乐善堂书肆，购《万国史纲目》，因晤重野安译博士，书其所著也。此君号成斋，素有文名，年七十矣，须眉皓白，耳又重听，而著述不倦，东方名宿也。是日，体育会举行秋季运动大会，各教师子弟毕集，张模竖帜，观者人纳二十钱。闻江督刘岘帅卒于位，得诗一律："中兴将相一时尽，大陆风霜天地秋。海外轮帆钦宿德，江南节钺压名流。疏留秘簇孤忠在，屏倚全淮老气遒。诏下维新公先死，苍茫身后有遗讴。"

己巳，晴。早，与墨斋、小舟游大森。先乘汽车至新宿，因下访俗。新宿在东京西北，室泉（寺名）冷落，铜佛生落，人烟骈坒，商务緐庶，一都会也。寻换火车，往品川，更换车至大森，步行数里，往本门。寺地多笼，细工织草，甚巧。是日赛神，游人如织。列肆旗幡夹张，彩绘明媚，锦帘照日。香车碾尘，冶女村媪联翩偕来。高山层累，树阴环之，所谓武州池上长荣山也。阶下如长荣稻荷尊天，次上为长荣大威德天，香火甚盛。山前百货陈列，喧闹不堪。乞人打鼓诵佛以求丐，镗镗不绝声。弄拳者、鬻书者、演讲者、足射者、幻灯者、留声器者，群跃跃然。进为祖师堂，顶礼者立槛外，投钱乃拜。诵经者去履而入，至佛前跪，喃喃然，皆妇人也。堂内巨柱鼎炉，皆饰以铜，锦幡彩花，伟丽可念。堂中绘高祖御一代，图纪池上旧事。盖此寺之建，以报佛恩云。堂右一殿为说教之地，前则大钟亭，别一日朝尊者殿。去而之祖师堂之左，有主计头加藤清正公之碑，立于明治二十二年，后藤象二郎撰文，中林隆经书，而三条实美篆额。盖故征朝鲜有功者也。次下为日辉和上遗德碑，前田利解篆额，野口之布撰文，岩谷修书。和上为野口之叔父。野口，名之布，字士政，称斧吉犀阳人，以正义之变下狱，五年后出之，历任文部、司法省官，以寿终。碑即立和上碑之侧，为冈千仞所撰，品川弥二郎篆额，江间真书。书法皆工，上碑字画遒劲，如怒鹰猛扑，下碑作北朝格，而风神宕逸。遗德碑立于明治三十二年，野口君碑其次年所立也。又有融女谢祖恩碑，为前田夏荫所撰，立于天保七年。字作和文大草，卒不可识。下山左侧，所谓大黑天，大黑尝在焉。时已正午，罢游，将往川崎，闻其间多园林之胜。步行里许，乘电车往大师。此电车近年始设，轨道与汽车同，速如之，分为上等、并等，行于川崎八幡海岸山谷、蒲田穴守大师六乡桥之间。至大师，游金刚山平闲寺，地以弘法大师名也。内为遍照金刚殿，殿下树消防纪念碑，以志救火之功，及战死塔在焉。结构不华，而幽胜独绝，视本门寺过之。右为金鱼池，池中金鱼长尺许，环种小松。渡池，曲折回阑，荒草不治，半掩古碣。池畔白鹅接水，竹木阴森，真逭暑佳地也。沿池植笼，有孔雀、鸳鸯、野兔之属，辄移人情。因少憩啜茗，复由大师折回六乡桥，乘电车往川崎，至已日昃，游览未竟，趁汽车回品川，仍换车至牛込，则掌灯矣。是日得吉符兄自上海来信，知寿平叔之妾举一子。闻粤中籴贵，匿帖四起，大乱将作，为之寒心。

庚午，阴。闻前粤督陶方帅卒于粤。午后大雨，出新桥，送吴挚甫京卿返国，且赠以诗。匆促捉笔，殊未工也，姑存之："莽莽风潮趋亚东，沉沉大地无英雄。砉然巨力开鸿蒙，千年学界荆榛通。扶桑一岛灵气钟，前驱着鞭当要冲。种族文字自古同，先路我导留雪鸿。过江名士何童童，焦思苦学忧疲疯。侧身阊阖欲上冲，健翮作势摩长空。桐城先生学者宗，耆德文字克熊熊。悬观教育明双瞳，东西异同折其衷。国民主义如剑锋，霍霍人脑横来攻。泚然汗出心匆匆，生肉吾骨昭吾聋。提倡人格如丰隆，高宜雷鼓霆震聪。跃然开拓万古胸，伏蛰齐振谁为功。先生五月为寓公，鉴取精意增磨砻。持此归来饷童蒙，芟击腾论除嚣风。忽如魔梦闻晨钟，卓若戈戟森垣墉。宗旨灼照悬当中，岂畏蝣说难相容。先生盛名众所崇，东人载酒时相从。有时六合归牢笼，议论今古挠严终。嗟哉西顾多内讧，衣冠酣宴犹梦梦。愿为学途洗障翳，皎然朝日生瞳昽。"东人送者约二百人，学生亦将百人，日本女子及女学生亦十数人，甚盛事也。仍以腕车返，雨甚。

辛未，霁。早，发粤中第十一号信，并缄紫明叔。午，与周桂午师书，论东来事，意谓今之所学，只可以此为各省开风气，而未可于此为维新求效果也。书云："自五月以师范生派赴日本，彼时投袂匆促，未获谒请诲言。四阅月以来，学潮忽波，礁石冲击之声，不绝于耳。海内志士，崇拜日本之心，锐减殆尽。其中曲折之故，已详报章。而弘文学院师范一科，尤有可慨者，可一二为长者言也。溯自戒途之初，即知六月之难于为功，因以考察学校、游历近地为目的。乃一与东人交接，而后大悟。悟夫其自上至下，无一不出其外交之手段，以美言笼络为饰观，而牟利为宗旨，大可畏也。嘉纳校长北游，而院中气象一变。代理校长山路一游暴戾自尊，好为夸大之语，尝嗜诘责而短于理，辄为众所折。讲师平田芳太郎出身乡学究，虚无学问，讲制度沿革，于公私立学之异、教员之资格，学生箧中俱有专书，而讲之累月不能尽。独一波多野贞之助，尝游欧洲，讲教授之法，间出精义，而讲席争延，月只数日。近增延葛冈信虎博士，既与本科宗旨无涉，且月中所讲，只得此十数时，又更不适于用。此岂学者东来之初意耶？东人既存一牟利之心，讲师又更为迂缓无当之谈，大乖速成之意，恐如此即二三年无功，无论数月也。且今之来者，非皆一时之选，盖有资识寻常而充数者矣。遣行之日，经费不给，自当少其数而优廪之，乃不省人而省费，一再节减，使抵东之日窘衣短食，支柱为难。月费止给三金，而书籍楮笔之虚诺而不发者，皆取给焉，无论其食用之不可堪，而为累已甚矣。其食也，则东人刻苦攻淡之恒，犹无怪也。古之所谓廉者蔬食而止矣。今则不蔬也，而腐鱼、而败肉，簋供一方，臭膻几不可闻，而彼人甘之，乃知古之善调味者，特恨其不东游，否则易牙瞠目而伊挚束手也。盖尝闻之，旅居者膳费六金，学费月纳二金，衣服之费年三十余金，则月仅三金，如此者十五金而足矣。今以吾学生念五金之费，豢日人而寝食于此，又两湖学生先至，业已开讲，规模大备，无所谓开办也。而空橐之千金，不知外情，种种亏负，可为长太息者也。昔尝言政府之派学生出洋者，宁受外人之欺，而不信学生之言；宁为外人而啗以重利，不愿为学生而浪费一钱，岂意今而遇之！窃谓师范生自是今日之急，此后欲备师范生之选，万不能以一人之言而召季布，大约必于普通学皆略有通晓，然后方使之讲求教授之要法。其人既端正通达，而又专心研究，所谓六月速成者指此，故吴稚晖孝廉所述《讲习会缘起》甚重乎言之。今粤中非尽无人，而不能践之，甚为同人羞之也。如以为普通稍通晓者不易，莫如宽京中师范学堂之额而多使入学，似胜外洋数月之功。诚惧趣快捷方式者，束装麕来，以六月之学为可贵，而相率为伪，则学界之障翳益深，故更虑及之也。然所云云者，专为师范一科言之耳。当今之计，欲得人才，断非速成师范所能造就。自此之后，一切派遣，与其滥用多人而无裨实用，不若少减其数以培植人才。意者今所派于日本者三人，可得游学欧美者一人之费，游学日本名为事易功倍，实则疏陋殊甚，而师范科为尤，故能以派往日本之生，改为多派欧美最善，否则续派者当悉入专门学校，使习实业，庶几可收其用。日本新政，以陆军、警务、邮政三者为最完善，而亦为我之所最急，则陆军、警察之学，不可不讲；次则农科、工业、政治、法律亦宜。其中学校普通之学，则必当抉择而后可。然自(桧)[郐]以下，则与吾国私立之开通者，殆无异矣。更有要者，此行不派监督，以致事事茫无头绪。院规不良之处，动费唇舌，而又众论不一，此犹制裘而去其领，虽欲挈之，其将何从？若此种种，皆后来之车鉴也。学无所成，搤腕愤绝，怅望前途，姑为局外人言之耳。”下略。

壬申，望，阴。早往小石川指谷町，观官立东京盲哑学校。此校始于明治九年三月，古川正雄等请于府知事楠本正隆，设训盲院，至十三年六月于其旁试训哑者，遂有训盲哑院之名，二十年乃改为东京盲哑学校。其地旧为内务省所属药草试植园，二十三年自小田原移于此。敷地凡六千九百三十七坪，本校舍三百有七坪，男寄宿舍三百有八坪，女寄宿舍二百三十五坪，岁需经费约万五千四百四十圆。政府支出之费及收入资金与之相当。入见校长小西信八君，导观教哑生理科、算学之法，大都以眉听手语也。计校中教员十七人，盲生男五十人，女十人；哑生男百有九人，女六十九人，凡二百三十八人。皆分寻常、技艺二科，分五年级，惟按摩科三年毕业。盲生寻常科所学为国语、讲谈、体操、读方、缀方、算术、历史、地理、理科、唱歌，其技艺科则弹琴、唱歌、针治、按摩；哑生寻常科所学为读方、算术、书方、历史、地理、理科、图画、裁缝、手工、笔谈、作文、体操，其技艺科为图画、雕刻、指物、裁缝。授业料月五十钱，寄宿者料月四圆五十钱，贫困者可酌减，或免之。盲哑儿童十岁至十六岁，身体健康无痘患者，皆可入学。日本盲哑各学，惟此为官立。此外京都市盲哑院为市立，余皆私立也。盲生卒业后，或为教员，或为琴师，或为病院按摩、针治；哑生则或绘画，或雕刻，及为一切工艺之事，无无告者。校中悬木象眼梅竹各画，皆嵌木之联頞，校中所造也。教哑生时，教师亦以手示意，始终不发一言。男女则合教，无分室者。盲生同点字者教之点字，机械室中有机器两具，以点数之位置分别字音，先印孔于白铁片，而后压之，纸即起凸点，以手按之，且按且读。室中历史等书盈架，皆点字者也。教习亦有女师，且有故卒业之盲讲师登座宣讲，众生亦手按书倾听焉。小西君复为言："英美诸国之所以强，非徒以兵力，乃以学问也。支那为世界最老帝国，倘稍有振作，即为世界所注目。而欲兴贵国，必自改文字始。日本自改汉字为日文，成效极速，此文字繁简之故也。"午，归塾，已而大雨。是日嘉纳院长归，至新桥院中，职员、生徒多往迎之，故半日休业。夜，叔颖、秕谙等过商所得讲义，修理画一，而购真笔版印之。日本学生不论何科，皆有讲义。今仿其例，能削繁会要，不无足采。或持以归饷诸人，少开风气，亦变通讲习会之一法也。同人推余主修波多野稿，而养源佐之。主稿凡六人，主誊写者九人，司刷印者六人，使叔颖总其成，专主会计。又群以参观各学校所得规则同异，最是[足]为初建学堂之指南，复推余兼任编列学校规则之任，而季良为之绘图。

卷 四

起九月十六日，即阳历十月十七号

癸酉，晴。是日，日本大祭日，休业。大雨，至午乃止。为商定开办讲义条目二十余。午后，偕叔颖、墨斋往购，得壹号美浓真笔版两架。东洋近出印字机器板凡五，此其最善者，价亦最昂，计每次可印纸百张，实简便之极也。夜，同人具公函于嘉纳，请其改良院中数事。

甲戌，晴。是早八时，嘉纳院长集院中生演说，备言自清国归，细察教育风俗所宜，必当大为变改。又言，代理院事各职员虽稍办理不善，不洽众意，然第拘于常规，不敢于其出而妄改，非有他也。是日为高等师范学校秋季大运动会，在小石川区大冢洼町新筑地举行，偕同人往观。其地因坡绕围，中拓平地，纵横十余丈，高悬国旗，遍及外国旗章，彩灯交垂，军乐迭奏。围外设来宾席、职员席、卒业生席、乐队席，围外观者千人。开会之顷，先演打球之技，取旗竞走者二，直走争先夺旗也。徒步四百码者三，其竞走者二，绕场四周而斗捷也。合背竞走者二，交臂以背相向而横驰也。球拾竞走者八，布球于此，各俯拾其四而竞捷也。蛙飞竞走者三，一人伏如蛙形，后人跃而过之，跃已而蛙，蛙者复跃，如是者三，列以角速也。记臆竞走者三，或书算数，或记史语人名，杂和汉文书之，且奔且视，录出先交无伪者为胜也。军舰竞走者四，纵横布几桌或立人，蒙目侧身跃进而不蹉跌者胜也。抽签竞走者四，置牌于地，各书所携之物，依所指取之而绕场走，若桶子，若小车，若长梯，若草包，若球竿，若铁器，各以其轻重难易而分置远近焉。绳飞竞走者四，绕走而多张绳于前，使之频跃也。大都以竞走争先为主，于游戏之中，皆寓有益军旅之用。胜者得旗而止，第一白旗，次绿旗，次红旗。胜者即颁赏，赏以衣袴若履，书若纸或漆器。其尤特异者，众举其足而舞之，或抛之空中以为乐。中食后，复演抽签记臆取旗之技，为炮丸投者无数，以铁锤取势遥掷也。武装潜网者二，武装者，铁笼其首如罩，腰束战峻，手着圆套，置大网于地，竞走至此，掀网匍匐而出。此技颇难，初次一浮田生第一，后次一岸高生第一。障害物竞走者五，则以绳纵横罣障，又取巨幎低缚而覆诸地，使之钻出，更以手悬棚木而过，且高悬圈而以身钻过之乃合格，而竞速。初次第一为赤泽生，二次第一为小山生，三次第一为长谷川生，四次第一为高生，五次第一为若本生。又角力者良久，赤体互搏，分左右而列战也。千鸟竞走者一，本校生对新校舍生，分红白旗，左右传旗而分趋，至五六回，以决胜负。以后则附属小学校生徒竞走、中学师范(撰)[选]手竞走、直辖学校(撰)[选]手竞走，各学校如工艺学校、外国语学校、学习院、早稻田大学、庆应义塾，分桦茶黄赤白五色。弘文学院中国生亦有下场角走者，然只数人，中选者三人为石鏻、韩永、康世昌，皆学警察者也。次则徒步八百码竞走者二，不过二分十五秒而已。初次第一为小岛生，二次第一为长谷川生。职员及卒业生亦各竞走一次，而后以网引终。网引者，即古之拔河也。本科对于专修科角之。会罢，夕阳满山，缓缓散归。是日，安徽刘君济舟乃弼、陈君瀛生福颐倡议本院各生设同窗会，互相规儆，以免团沙之散，亦团体之一法也。

乙亥，日曜，晴。早，觉昨微受暑气，乃至鼻浊声瘖。午，观涩江保所著《希腊波斯战史》。是日为早稻田大学开校二十周纪念会。晚初，往神乐坂观之。校外屈树为门襞，谷子成肃，邀字其上。国旗双列，电灯如昼。游人趋先，士女如织。自校外田畔夹道至坂，遍列笼灯，不下数千，左右乐亭三二，又其一戏台，观者尤盛。台后迤逦，出空地为烧放烟火之处，爆鞭一声，辄生异彩，五色十光，陆离人目。是晚，院中自职员以至生徒及执役人等，持红灯笼一枚，书早稻田大学开道式字样。为政治学部、法律经济学部、文学部、英学部,每部以军队导之,先之以旗,生徒随行高歌,前后相应,不下万人,火光蜿蜒如龙,他区亦设彩楣迎之。行至二重桥而止,甚盛观也。日本诸学校以此校为最盛,所出之材最多,今之当要津者,半学于此。今岁为二十周,故举大会,人乐助成之,捐款逾万,而大隈伯总其成焉。

丙子,展重阳。觉不适,声嘶而多痰,往神乐町就浅见医院求医。医者为听脉,言兼有受风,因予以二日量药水,午数日间时间更换故。是日波多野讲教育。夜,庆生来访。服药水睡。

丁丑,晴。是日日本赤十字社二十五年祝典纪念会,为第十一同总会之期,在上野公园内举行。早偕养源、季良、璧生等往观。欧洲之设赤十字会已四十年,日本设此社在明治十年间。其时西南乱起,官军死伤无数。松平乘承子爵愍之,与大给恒子爵、佐野常民伯爵等谋设博爱社,不问官贼,凡战争负伤者救之。重感墺地利赤十字社规则之善,悉仿其制。明治十九年,加盟于欧洲各国之赤十字社,二十年遂改此名。各国既公认,因遂颁布其条约。日皇、日后屡临奖励,每年例赐补助金万圆,病院维持费金万圆,病院救助患者施疗费补助五千圆,其他临时恩赐,不可枚举。当明治二十年始易社名之时,社员总数不过二千一百余人,至本年六月计之,除名誉社员二十八人外,特别社员三千九百二十四人,正社员七十七万八千七百四十九人,前赞助社员万三千二百四十四人,凡七十九万六千有四十五人。至十月,又增三万二千余人。本年醵金凡二百十五万三千二百二元有奇,于慈善事业中可谓绝大之伟业也。本部准备医员二百七十九人,看护妇千五百五十八人,看护人六百有四人,岁复养成看护男妇生徒以补之,或一年,或三年,皆半期学理,半期实验。自日皇、日后统监而外,小松宫彰仁亲王及王妃赖子为之总裁,其下设社长、副社长、常议员、理事等员。佐野现为社长,大给及花房义质男爵副之,松平为理事,石黑忠惠、有贺长雄皆常议员也。公园中地数万坪,为东京十五区及各县支部委员休憩之所,回冈绕树,俱以红帛为高栏,复于东北隅陈设救护材料品，又设临时救护所，看护妇二，白衣裙从事于此。是日皇族以次俱集，各国公使及其夫人毕临。十时三十分一条皇后及彰仁亲王王妃以马车至，前驱十余骑，佩刀执旗而先，仪从甚简，至美术协会便殿少憩。既午，行祝典式，赠纪念品，于创立以来有功劳者，各银杯一组，凡七人，石黑、松平、花房与焉。返，过清华学校，访沈君纪鸿纲，不遇。晤嘉应州王君伯谟国梁，谈少时。此校建于明治三十二年，专为中国人而设，初名高等大同学校，以便横滨大同学校生卒业入此，既又称东亚商业学校，今易此名，而以商业校，教日人以粤语。校中地甚少，故生徒多宿于外，每日听讲所课为日语、英文、伦理、数学、物理、化学、图画、体操。又设高等科，所课为日语、英文、数学、物理、化学、历史、地理、体操。凡生徒修业二年，高等科加一年。然初到者不能日语，无从听讲，故年余长为学日语之日，亦有名无实矣。月纳学费二圆，杂费一圆，食费六圆，寒天加炭费一圆。设校长一人，监督二人，教员无定员。现生徒凡六十三人。

戊寅，晴。早，尚有微咳，记日本修治道路之法。东京市中干路俱广丈余，其下用巨石，以泥实之，而上布小砾，使车马来往碾碎之，悉为泥沙，寻又加石焉。英人于香港道路，皆以韧泥结平，而日本以石子堆积，稍异，然腕车之行不碍，马车则有轨，故无(防)[妨]也。每当修治之期，虽极平善无损，亦必深掘破碎而后更理之。然惟办事者不以此为可浮数渔利之路，故能致此，否则殆矣。修道时，以其广也，先挖通一半，徐平复，而后由左及右，故不碍行人。即桥梁，亦时一修之，于旁设浮桥以通行者，不俟其坏也。

己卯，晴。早，得紫明叔信，知吉符兄由沪返粤。嘉纳氏招集院中诸生演说，为言："师范本不易速成，必须于普通学问皆所通晓，而又卒一年有半之功乃可。今为中国储才之故，特创此格，一切皆未能尽善。至诸君屡以为言，现当全行改良，数日后学科可定。"是日往浅草区御藏前片町，观官立东京高等工业学校。此校规模闳阔，术艺精进，为文部省所立，建于明治十四年，初名东京职工学校，二十三年改曰工业，三十四年加高等字，大旨以从事工业而研究其理论与技术为目的，实为日本工业发达之起点。敷地凡万一千五百坪，校内室舍以炼瓦若木建之，总积凡四千八百余坪。教室之外，皆实修工场也。各工场用以实验各专门之技术，凡应用诸机械类悉备。本校教科凡六，曰染织科，曰窑业科，曰应用化学科，曰机械科，曰电气科，曰工业图案科。生徒分认此专门科学外，每科仍兼普通学，课目为数学、物理、化学、应用化学、应用机械学、分析图画、机械制图、工业经济、工业卫生、工业簿记、工业建筑、英语、体操，学期皆以三年。凡入学者，须满十七岁至二十五岁，品行端正，身体强健，或工业者之子弟有志者，皆可于学年之始试验入之。如道府县所立寻常中学校卒业生，则可不试验。授业料一学年金十五圆。本科生徒现在三百六十五人，中以机械科为最多。校长为工学博士手岛精一，讲师凡六人，内有吉竹君者，曾在湖北多年，因为言织布之法云。工业亦关乎教育，故学问进步而工业随之。德之工艺日兴，近遂凌驾英国者，以此。德人所长者，尤在染料，能用煤炭灰造各种颜色，皆化学为之也。染料原质多由动植物所出，自德国以副生物制之，逆计世界所用染料二千余种，辗转互变，可至三百十九万六千种。又颜料性格不同，有变有不变，有投水中而不散者，有(爆)[暴]之日而不去色者，总以堪日光久摩擦为上。且织布有平色花色之分，中国织机旧法，工多费时，日本初效之，亦良不便，后有法人爵加多者，设法造一活动机器，使已织之丝缩上，待织之丝垂下，灵便异常，大约机器运动每一分钟可来往百三十次云。在此中食。食后，遍观实修工场。染织科分为染色、织机二课，而各专修其一。染色一门有浸染、捺染二工场，所染分为盐基性染料、酸性染料、媒染染料、杂属染料、直接染料、植物染料，显色(剂)[机]有德国试染器、绞系艳出机、绞系洗涤机、捺染机械及二重底染釜、木制染风吕高压染蒸机械，其物甚备，然于中国染法未见所胜也。织机一门有手织机、力织机。捻(系)[丝]三工场，别有整理工场，有剪绒、刷毛、翦毛、脱水、起毛诸器。其旁为干燥室。捻丝工场在其侧，有捻丝机，器极佳；有水压机、酸化器；绢有卷纬、缫返二机，木棉亦然。木棉、毛布各力织机外，又有缝纹样力织机。其实修第一年练习缫系装织之法，次年染色实验，三年乃习纹织及捻丝捺染各特修。窑业科工场二，一备学理实验用，一备制造实修用。有陶工室、试验室，有陶磁器辘轳实验场，窑数基，备陶磁器，玻璃些绵托各种之烧成。其实修第一年至次年制造陶磁器，三年制玻璃炼瓦之实验及方法。又本科考求关于燃料之物，初时用薪材，年费百五十万圆，后以石炭代薪，费乃半减。应用化学科有定性分析室，以分化诸物之原质。旁天秤室，新式十数种，最精者一架三百金。酿造实验室，有酒精蒸(溜)[馏]器，自稻种以至凿米，俱以玻璃罩之，皆为酿物，次麦芽、小麦皆备，别贮败酒十数瓶，以资考究。漆工实验室，藏有施南西安生漆，漆工以炭研木器使晦，乃加漆也。室外颜料四十余种附焉。有冶金实修室，中有试金炉，有显微镜室。第二、三年生实修室，每日三时三十分为率，其实修初年至次年酸类盐类之精制，二年至三年化学制品，关于电铸、电镀等者，始预备而后试验之。机械科分机械制造实修及学理实验二种，制造实修凡七，曰制图、曰木型、曰铸造、曰锻工、曰仕上、曰制罐、曰金工小细工。内列新式机械工具七十余台，余蒸气机、关汽罐唧筒、水力原动机、瓦斯原动机、旋盆呵尔盘悉备。外附属坩埚钢工场、制刃物钢各材料学理实验场，一原动机，二材料检定，三水力，四木材干燥，其中机器甚多。即材料检定实验一场观之，材料凡千五十件，压力计检定凡百(廾)[廿]一件，其他尚有五十吨试验机及瓦斯热力检定各器。其实修初年造原范，次年细工、锻工、工场制图、仕上、旋工，三年则制图、试验制钢材料及特修。电气科分为电气机械科、电气化学科两种。其电气机械实修初年试验电气、磁气，(未)[末]年分配电力学、电气、铁道、电灯等。电气化学实修则为电铸及电镀、电气冶金等。实修室内有发电机室，为诸电管总汇处；有蓄电池室，有电气分铜分盐法诸器。工业图按科分为木工、金工二种。木工科制图场其实习皆有顺序，自易而难。木工场有刨木、锯木各机及汽罐室,即机关室,楼上贮各标本,有物指实修场。金工科工具及材料室外有锻工场、板金工场,余铸工之地甚众。其实修为木工、金工制版,漆工、窑业、染织等之图案,以图案与制品相联络,故以此为实地练习也。实修工场中,惟木工、金工二场与教员养成所合用耳。本校之外,置工业教员养成所,设于明治二十七年,专以养成地方工业学校之校长及教员,而本校校长管理之。养成所又分为本科、速成科。本科分六科,曰金工科、木工科、染织科、窑业科、应用化学科、工业图按科,专修科目与寻常学科目大略与本校相同,惟增教授法一门。入学者限十七岁以上,修业为三年。校中不收授业料,惟卒业后须补给学资月三圆,速成科同。速成科不置应用化学、工业图按二科,而别设漆工速成科,分染色、机织为二科。所修科目皆取实验入学者,自二十岁至三十岁,系徒弟学校卒业生或高等小学第二年修业生皆可,学期一年或二年,生徒约七十余人。又附属职工徒弟学校,专养成业木工、金工者之子弟,学科分木工、金工二科。木工科有大工及指物二科,金工科分为铸造、锻冶、仕上三科。学期限三年,授业(科)[料]初年月二十五钱,次年以后不征收。入学者限十二岁至十五岁。又附工业补习学校,设于明治三十二年,亦分金工、木工二科,学期限二年。

庚辰,晴。早,复信紫明叔。午,听波多野氏讲家庭与学校之训练法。同人初约编讲义,寻以意气,有欲专其名者,不果。

辛巳,阴雨竟日。早,往曲町区宫城内,观中央气象台。台下累石作磴,亭亭峭立,去地二百余尺。其上置试风器,大小四具,皆有铁管,以电下注,视其风力之大小激轮而画于纸,其受力最大始动者,试大风者也,小者旋转如飞,虽微风辄动。风力计之下附属有电气盘,风动即电管传下于第二层。台盘旁有机轮,自十分位一位至百位,随计所指而察之。台外有玻璃球二,以纸圜之,验晴雨。纸颇厚,上画度数,日照则由玻璃映出日光,而纸如香炷线然,为炕俾尔昏照计。又一铁筒上仰盖铁片亦验晴雨,且记某时阴、某时晴,为织约而登日照计。别一台亦设受风器，大小十数，以电筒透入室内，与各风力计相同。旋入中院小坐。院内有统计观测各室，院中参考所列各器及图极备，有水银晴雨计、干湿球晴雨计、最高低晴雨计、空合晴雨计，皆玻管注以水银；别有利西亚路自记晴雨计及寒暖计，皆以笔随所动而书之者；雨量计，以铜为之，周圆二尺，汇注于小孔，附属有硝子桝；又自记雨量计，则以小杯迎雨，其下如筩杯流出，接以欹器，而传管于下，积有若干重，则灌注于方盘而识其尺寸。其他所设日照计皆备。院后空地有机器数具，皆以木屋覆之，下以电管，内通有铜铁球各一，亦用以测太(汤)[阳]热度。雨量计六七，藏地高六寸许。又铁管着地中，测地中温度。他地上玻管尚众，未及遍览。已而往观地方裁判所。日本地方裁判所凡二十三，东京其一也。设裁判所长一人，其下审判、判事、检事无定员。内有大审院法廷，各地司法大臣时临焉。遂遍观其结构，内分大臣室、大臣官室，室中设议事案独坐一席，前为公案，则群坐焉，有秘书官室、参事官室、总理大官室、职员课长室、职员课第一二部及往复等室、监狱事务室、试验委员室、庶务课长室、庶务纪录文库(内分为民刑部、职员杂部等)、图书文库、试验图书挂民刑局所司各室、检事室、豫审廷及系室廷，设判事一、书记一。大审院旁为辩护士诉讼记录阅览室、辩护士控所，其他图器物置、器具物置附焉。大审院在阶上分为第一二等，法廷有书记附属室、高等官应接所、评议室。凡控诉者判断不服，则上告至最上一层而止，是非即定。控诉院亦有高等官应接所、检事书记室、民刑事室，分数部，各有判事、书记。时方行审，因入观法廷。中高座圆周设圆桌，审官五六人，高坐堂皇，两旁书记者录词。下设横桌，有几，(辨)[辩]护士坐于此。左一木栅高半人，长方形，亦有坐处，讼者入于此，以待辩护士入据长桌而坐，抗声辩论。所服衣冠甚古，如优孟然，盖别一法服也。讼者俟其辩毕，乃俱去，有问则起立，出入俱望上鞠躬为礼。旁一人，司出入取判词，且传引原被告者。审官之对庭，设阑为傍听席，别门以入，肃穆无哗，有几，列坐可容二百人。警察司之大审院傍听席与裁判所同，惟上有楼，亦设听之席。综观规模，洵壮伟而周密也。既而观贵族议院。贵族院规模与众议院大略相同，地少狭而森丽过之，明治初设议政局，后设公议所，寻改为集议院，屡置屡废。时板垣退助等请起民(撰)[选]议院，而加藤宏之驳之，谓民智未开，于时未可，其情形与今日中国相似，然遂决计先建元老院，设[议]长以下诸官，是为议院之始。考日本议院之制，贵族院员以皇族、华族及敕任议员为之，众议院议员则由于公选。两议院皆得上奏，且受人民之请愿，其经费则由国库支出。贵族院之被选及敕任议员岁费二千圆，其议员之种类有五：一，皇族凡及成年，皆得列于议席；二，公侯爵年满二十五岁，可为议员；三，伯子爵年满二十五岁，由其同爵中选举者，以七年为任期，然此项不得过总数五分之一；四，有功于国或有学识，得敕使之者，年满三十岁，可为终身议员；五，各府县土地工商，纳多额之直接国税者，年满三十岁，于十五人中互选一人而敕任之，以七年为任期。凡伯子男爵亦先期调制名簿，于七月十日在东京行之，其选举会场为华族会馆。多额纳税者由府县知事调制互选资格名簿，于六月十日在府县厅行之，投票开法，与下众议院选举同。众议院设议长、副议长各一人，于其院选举三人候补，择其中而敕任之。议员分为数部，每部设部长一名。议长、副议长之任期，依于议员之任期而定，若以事辞职，则继任者仍依前任者而定。事或与议长有妨碍，则副长代理，两俱有妨碍，则举假议长而行其职务。议长岁费五千圆，副议长三千圆，议员二千圆。又置书记官长一人，敕任官，承议长之指挥，提理书记官之事务，而署名于公文。书记官数人，奏任官，掌理议事文书各事务。各议院设委员会，有委员长。其全院委员者，以议院之全员而为委员者也。其常任委员者，有要事分部而担任之，由总议员中选举者也。其特别委员者，专为审查一事件而付托者也。各委员长则报告委员会之经过及结果于议院。至于举议员之法，分国中为二百五十六区，区举一人，多者二人，凡二百九十九人。每一选举区，府县知事监督其事，其区之郡长或市长为选举长管理之。选举人之资格，限满二十五岁以上之男子，在一年以前居于本籍，纳十五圆以上国税者。被选人之资格，限三十岁以上之男子，亦纳十五圆以上直接税者乃可。凡疯癫白痴者、身受债讼者、剥夺公权者、处禁锢刑若犯赌博刑或赦免而未满三年者，皆不许与选及选人。选举长每年于四月一日制调查有选举资格名簿二本，投票则于七月一日行之，由各町村长指定场所设投票函，其函有二重之盖，设二种钥。选举人亲到投票所对照名簿，乃投票，自午前七时至午后六时而止。次日选举委员开各投票函，以票总数与人之总数，计算不差，乃比较其数，以总数最多者为当选人，投票同数者，以生年月长为先，同年月则抽签定之。一人而为数区之当选人，通知而承诺一区。凡议员之任期为四年，任期终后仍可应选举。若有强逼选举人者，有六月至二年之轻禁锢，并十圆至百圆之罚金。其抑止他人投票或加暴行于管理者，罪各有差。若惩罚议员，亦有谴责、自谢、停止、除名之法。凡犯事三日以内，得议员二十人以上之赞成者，乃行之。若排毁议会者，处二月至二年之重禁锢，并十圆至五百圆之罚金。毁辱议员加以暴行者，一月至一年之重禁锢，并五圆至五十圆之罚金。议员秉公而以暴行胁迫妨其言论者，四月至四年之重禁锢，并五圆至五十圆之罚金。有妨害议员言论之意而恐喝之者，一至二月之重禁锢，二圆至二十圆之罚金。此其略也。凡议院之责任，得议决政府提出之法律案及法律案所议之事，以过半数而决可否，同议决于议长。或由政府主意，或由议长或议员十人以上发议，则可开秘密会议。院之上设帝国议会，每年召集议员，以三阅月为会期，有常会，有临时会。凡召集有敕谕，于四十日前发布之，议员依期集于各议院之会堂。又议员对于政府有三十人以上，可以上主意书而质问之，议长转送之政府，而国务大臣为之答辩。两议院意见不同，则设两院协议会，由两院各选十人以下之委员而合议之。余登楼，至谈话室少憩。室中贮书，为历年事务局报告及委员会会议录、各国上院规则、众议院定例总纂，皆要书也。有式部官室，各大臣室，总理大臣室，政府委员室，寻常委员室，守卫派出所。有便殿，为日皇临时所驻地，陈设严整，设位于旁而不中，少足异者。有外国贵宾室。有议长室，内悬蜂须、贺东、久世、细川等故像；而议事有委员、书记会议等室，庶务有图书、文书、会计等室，环列外周。其中议事处中一台特起，面楼为天皇坐，两旁列坐可三四十人，皇座前少降，置桌为演说之所，不设几，平地方长桌十二行，前圜绕之，每桌可坐三人，当容三百许人。阶上与台相对皆坐席也，正中为皇后及太子席，次为皇族席、高等官席、众议院议员席、外国外交官席，其制如此。院中皆铺毯毹、然电灯，其几案以布幂之，尘或封焉，开议时盖鲜也。是日湖北卢君璞真定远为通译。归时雨甚至夜。

壬午，日曜。往清风亭集茶会，到者百余人，且设来宾席，嘉纳、大久保、葛冈氏皆赴焉。刘君等先说设同窗会之原因，次读章程，次投票公选干事。广东部公举鸿若，以其酬答优也。以后演说者十数人。乃与湖南卒业诸君作别而散。闻两湖诸君来时，与省中大吏订约，归时开办学堂，不得以官吏参与，俾竟行其志。彼所以待之者优，故亟思认真办事，以为答，皆可嘉也。午，与季良、养源、韵笙、辅臣、小舟，定编纂规则，分别眉目，使归画一。余系以总论，而后附以图。是日葛冈氏讲法制已毕。

癸未，晴。早，往观巢鸭监狱署。此署监狱整齐博美，为东京之冠，罪人日皆作工，夜则归宿，巡逻虽严，而拘守甚宽，然鲜越狱者，盖衣有识别，则无可逃，且其人习之，有此间乐不思蜀之意矣。署门之内为空地，夹植矮松，细草芊绵，右为制品陈列所，若控所在焉，中门受付应接室，而外为接见室，室旁即通监门。署长出见，为言："日本监狱有二：中央监狱者，东京总汇之所；地方监狱者，各府县管之。此署自维新初年，屡次改良，至今在狱者千八百人，皆教以工艺之事。其所得则视其勤惰而割。"引予之管狱官，凡二十一人，自四年以下之犯，禁之地方监狱，十一年以下，则囚之此，十二年以上，则归集治院云。因导观监房，监分为东西，自一至五，自六至十，凡十监，每监三十房，惟三、四、八、九四监二十八房。其监如圆周，门户相对，故限于地也。房以铁门扃钥,内甚高,与寻常居屋等,房中人数多寡无定,大抵以九人为率。每日三食,所食米四麦六之团饭,印成模,食以鱼菜,午则有豆羹之属。早五时三十分毕起,六时饭作,工至十二时,少休午饭,夜至八时归房睡。房外皆以牌列书人名及所犯,大约以赌博为最众,斗殴、吸烟之属次之。房中有叫钟,以便夜中猝得重病者,又有灯以便夜。中有观书者,房中皆布草藤,惟溲溺即在房内,故气秽颇甚,然欲夜间严防之,不得不然。或作机管引水,时时洗涤之较胜耳。登其楼,楼奉佛释迦,罪人数十赭衣作列,跪若忏悔,循循维谨,或古人拜皋陶之意欤?此外楼上之房皆幼犯居之。次观其工场。工场凡六,汲水转运,无非赭衣,有浅蓝衣者,则死罪者也。第一工场皆为粗工,若磨铁、缝布袋之属;第二工场似稍进,皆织布者也,有织机十余具,所出虽粗而甚捷;第三工场皆削竹青织竹器;第四工场亦织布,布皆染赭,即为本署之用;第五工场则木工、铁工之稍精细者;第六工场则织屦、舂米、磨麦,亦皆本署适用之物。作工者甚怡乐自得,且无不胖白者,吾国无论何种工厂,即营小生业者,无此丰腴也。近此为厨,更前为病监,监分东西。病室外为草地,每日未有工作者,令于空地徐行,以吐纳空气,恐其患病也。有病者,医生验之,确则移入之病监房,视寻常之房大倍之,卧席所占,尚多余地,约每人得(衡从)[横纵]八尺之谱,病者虽长卧,无不手一卷,守者每日巡视,有欲借览何书者,出愿纸具名取之。病监食厨、药房皆别附近地,不普通也。此署无女监,盖重犯甚少之故。是日参观所见闻如此,考日本监狱之种类凡分六种,一为集治监,有东京、宫城、三池三处,罪在徒刑、流刑及旧法惩役终身者拘禁于此;二为假留监,设于集治监中,凡处以徒刑、流刑而未发遣于集治监者,拘禁于此;三为地方监狱,以地方税支办,各地方官管之,亦为拘置惩治场之总称,凡处以拘留禁锢、禁狱惩役者,及妇女而处以徒刑者拘禁于此;四为拘置监,一名监仓,凡刑事被告人拘禁于此;五为留置场,设于裁判所及警察署,为刑事被告人暂时留置之所,或在警察署内之留置场,改罚金为禁锢者及处于拘留,得拘禁于此;六为惩治场,凡在有罪不加刑之列,如幼者及瘖哑者则惩治于此,盖教诲感化,使改悛其行状焉。集治监及假留监内务大臣管理之,其他监狱则警视总监、北海道厅长官、府县知事管理之,内务大臣使随时巡阅监狱官巡阅各监狱,其余各监狱由地方官巡阅所辖,每年至少一回。裁判所内则由裁判官巡视,拘置监而检察官巡视监狱,府县[议]会议员又临时巡视其府县所辖之监狱,盖谓监狱之患,隐隔则弊生,故立法不厌其密也。凡新入监者,典狱官先查阅令状及宣告书,而后领之,予领收证交付后乃入监。交付领收证,须给酬金,若携有财货物件,悉可由典狱检点而代贮之,或有损失,由官判其赔偿,如隐匿不交出,则有没收之罪。凡有非常灾变不能避者,囚人可押送他所,或押送不及,万不得已,则权解放之,听其自逃,以顾人命。因人以年岁分别为五种,各异监房:其一,十二岁至十六岁者;其二,十六岁至二十岁者;其三,二十岁外者;其四,十六至二十内再犯者;其五,二十岁外再犯者。惩治被告人亦以三等别之,分房拘禁,为监狱学之主脑,欧米皆然。日本改故时杂居之法为分房,自谓得监狱之精神,信不诬也。手锭缚绳之属,惟押送囚人及被告人于裁判或他监则用之,惩治人则否。役场严定男女少壮,定役无定役之区别,凡役人皆检视其体力而定其课程,所领工钱,储于监督,以给与利子,亦以妨顽惰、败伤官物之赔偿。其谨勤者,前与之赏表,使缝于狱衣。虽至出狱之刑余,无所倚赖,亦有保护会社以维持之。其力追欧米之风,可谓不遗余力者也。又囚人所食米四麦六,他处或以粟稗麦薯之属代之,其菜代则限一钱为率云。回已午,寻往御茶水桥高等师范学校听讲,教授樱井氏讲化学,教授后藤牧太讲物理。因讲电信机,出其所制电话新机相视。

甲申,晴。午,听波多野氏讲训练上家庭与学校之关联,及训练与个性,编盲哑学校及京北中学校哲学馆规则,并系以论。

乙酉,晴。是日湖南俞君敕华等十六人卒业,举行证书授与式。余往观礼,葛冈氏、矢津昌永两君皆临观。湖南诸君皆不受证书,请照会本省大吏卒业而已。有附班听讲未及期者，则予修业证书。嘉纳校长宣诵勉励之意，部长总代答词，乃鞠躬退。已而将举行卒业生照相式，乃先合速成师范科同人撮一影，既又合本院同窗会者百四十余人撮一影始散。午后休业，有雨。编高等师范学校规则，系以论。

丙戌，晴。早，往观小石川竹早町东京府女子师范学校及府立第二高等女学校。此校本男子师范学校之地，前数年迁之青山，始改为女子师范学校。校中附属小学校，以为师范生练习之地。地方极广，运动场亦阔大。中进为应接所及宿直室、庶务室，左进，出回廊，绕花木，右为教员室，左为师范生第一甲乙、第二甲乙、第三年教室及裁缝室、校长室，由此更前，为游戏体操场。自应接所右绕廊出，其前为高等女学校第一、二、三年教室，上有楼，为第四、五年甲乙教室。回应接所，所上楼为唱歌室及讲堂，梯下为图书室，室外为控所。师范生学科为修身、历史、音乐、汉文、裁缝、数学、理科、体操、国语、图画、家事、教育、习字、游戏、地理，分三学年，每周时间二十八时。凡高等女学校第四年卒业者，可入之。高等女学校学科为国语、裁缝、家事、图画、数学、英语、习字、音乐、教育、游戏、历史、体操、修身、地理，分五学年，每周时间二十八时，凡小学校卒业可入。现在生徒师范生百六十五人，高等生二百六十人，校长林吾一，教员十七人，男教员一二，余皆女子也。观岩本氏教地理之法。已而自游戏场出，为寄宿舍。上有楼舍，广一丈二，深一丈五，凡三十室。舍监室、应接室、小使室皆在其列，余则寝具室也。出左行，为洗面所，旁为洗衣室，其内浴室。洗面所之前为妆室，妆室前为割烹教室，右为食堂。凡高等生自费，师范生则由官给之，每日三食，食料金十四钱。学割烹者，每周教一时。高等生授业料每月金一圆八十钱也。继往观小学校。小学校亦分寻常、高等，各四学年。周常教室之外，有事务室、图画器械标本室，参观人控所，有楼，观师范生实验教授。此校学科为修身、读方、书方、缀方、图画、算术、珠算、体操、唱歌、地理。出运动场，观体操，且为千鸟竞走之戏。今日女子高等师范学校秋季大运动会，此校亦举行之也。回。午，本院拟延天津昌永讲地理学。

十月丁亥朔，晴。得展堂手信。编高等师范附属小学校及常盘、赤城、富士见、爱日各小学校规则，系以论。

戊子，雨，甚寒。早，覆信展堂，论嘉纳氏大忏学科前失事。晚，嘉纳招集学院，询学科得失，唐秀锋为之通译。余痛论山路、平田所讲之不适于用，请大加省改，惟翻译非人，视嘉纳颜色揶揄同辈，沈、杨诸君皆忿之。余约以学科改定如仍不宜，即当具呈退学，然嘉纳氏虽护短，颇自知理绌，实欲保学院名誉，不欲令去也。

己丑，日曜。余生平嫉恶如仇，出国门后，颇以为不可行，少敛其棱角，以藏晦于庸耳俗目中。同人或疑以气质之骤变，无有知余苦心者。日来所见佥顽举动，怒几不可遏，既而思此曹何足动吾辈之气而为之若此，遂书以自箴。午后，编东京府女子师范学校规则，系以论。终日雨。

庚寅，晴。是日天长节休业。早，庆生将先返国，别之于元町。寻欲往青山观大操，已而不果，与小舟、养源等往上野观菊花会，旋往美术展览会。会为东京美术协会举行第三十二回展览，观者收入场券十钱，其中分刺绣、磁器、图画、铜铁银牙各种雕刻，而图画居其十之八九，名画可数者不下五百幅。其中有桥本关雪画虎图，价五十圆，势绝猛迅，其全身之力浑注鼻端。东人画虎甚众，佳者亦多，此尤其冠。又好绘故事，如郭子仪、杨贵妃之类，然都不肖，惟藤井洲所绘黄初平一幅，价七十圆，翩然少年，神情妙绝。川口月村所绘韩信出胯下图，状淮阴少年极工，价三十圆，此两者皆佳品也。然东人所最昂价者为本国故事图，而亦最多，如赖朝义员等当年战争之事，取价皆二三十圆以上，然不过金碧煊染耳，无大佳处。有金屏六幅，绘元禄美人为下棋弹琵琶状，价百七十圆，姿致较佳。绘美人颇多佳品，皆有秀淑之气。余所最爱者，一为吉田玉润所绘之秋想图，美人倚案立，旁置琴书、琴拨，散掷地上，默默不言，大有双蛾蹙损之意；一为秋艳图，山本升云所绘，一美人倚柱，一美人地下翦取凤仙，回首相语，神态绝佳，价皆十五圆耳。他有笔力者，若真野晓亭之山姥图，价六十圆。坂平蓝涯之马图，价三十五圆，皆可爱，马绘两头，奋迅霜草中，然止见半体耳。雕刻之巧者，有木雕千种。忠显卿像价五百八十圆，一鸟金眈银象眼雌雄鸡物置，价四千九百圆。一象牙雕观音像，价三千八百圆，其一较小，在物置上，价千三百五十元，皆镂刻璎珞，玲珑精妙，而前者尤精。又一铜象置物，价六百五十圆，一铜虎置物，价八百圆，则以质贵耳。(桐)[铜]制凡火钵二，一六十圆，一六十五圆，甚有古泽，亦博物所及也。别设美术画报各种及其他映画。观罢，出游于杉山劝业场，既而自神田归，则国旗双列，笼灯夜如散珠，街市喧阗，游人尤盛。天长节国中有朝贺赐宴之仪，其亲兵以下皆绒冠礼服，宫内城外皆有戏曲。各学校校长率男女生徒行贺节仪式，皆鞠躬，行至敬礼，合声唱乐歌，礼毕，分馈饼饵一囊，观者与焉。本校为中国留学生地，不悬旭光旗。午间，有赤豆糯饭之故事。夜，开馔亦有加。是日嘉纳氏改良学科，其时间每日为七时，自午前八时后至午后四时也。除月曜日参观学校外，火曜日教授法二时，小学校制度一时，日语一时，教育二时，体操一时；水曜日地理一时，物理二时，日语一时，经济学二时，体操一时；木曜日教授法二时，日语一时，小学校制度一时，教育二时；金曜日地理学二时，日语一时，小学校制度一时，化学二时，体操一时；土曜日日语、物理、小学校制度、体育学各一时。而平田之讲义始尽芟去，颇快人心。讲教授法二人，一棚桥源太郎，为高等师范学校训导主任，附属小学校第一部及教第二部英语者也；一佐佐木吉三郎，主任，附属小学校第二部者也。讲物化者根岸福弥，现在高等师范主任舍务者也。讲教育者波多野，讲地理者矢津，讲经济者葛冈，讲小学校制度者山路。山路人颇有学，而悍戾已甚，仅减其时间耳。教体操者今川本多。

辛卯，阴。早，赴院听棚桥氏讲教授地理历史之法，因自此编次所闻，题曰改良以后之讲义，记前者之非也。午后，复往听波多野氏续讲教授与个性及寄宿舍之利害。夜，编日本体育会规则，系以论。

天长节前后三日，劝业场中遍悬红灯，杂奏洋乐，购物者有所赠，如纸函、图画、香粉之属，士女甚众，亦煊染一妙法也。

壬辰，晴。早，赴院听矢津氏讲地理学，分为数理地理、天文地理、政治地理三科。矢津君声音洪亮，名下无虚，可喜也。根岸氏继讲物理学重力及液体。午后，听葛冈氏讲经济学。

癸巳，晴。早，赴院听佐佐木氏讲国语教授法。午，听波多野氏续讲寄宿舍之有七利十害。是日靖国神社大祭，其中累日杂演百戏，游人甚夥。夜，出观花市。凡遇神诞，辄有花市。是夜菊花大盛，始睹，有丐妇数人，非祭日未之见也。

甲午，晴。早，矢津先生缺席。午，听根岸氏讲化学燃料。晚，与小舟、季良往靖国神社观剧。分台各演，有舞剑者，有踏球者，有洗塑人身为解剖妊孕形者，有猴戏者，有狗戏者。其狗十数，能人立，能应声起卧，逐队随行。又童男女七八，年不满十岁，为缘竿翻球诸戏，极灵。且以绳挂长木于空，两人者各坐一头，或立或卧，颠倒翻空，无不如意，盖坐处尺寸适均，此轻立则彼据前距离以缓之，皆重学要点也。

乙未，晴，寒甚。早，赴院听根岸氏讲物理气体。午，东人志田好誉者，以画笺求诗，为书一绝："寒逼园林菊满枝，朔风吹雁故迟迟。晓来拂砚浑无事，犹有都人丐小诗。"寞寞幽斋，聊足自解耳。得展堂信，闻仙洲太守消息，以旅中寒苦，将由府县饮汇六百金来。

丙申，日曜，晴。连日小石川团子坂有菊花大会，偕往观之。其地分曹斗异，各以金钱。小菊札人形为诸故事，复以活亭转捩作移春槛观。下绕菊棚，后倚菊山，花数不亚千万，然工殊恶拙。有所谓菊细工者，则翦纸为小菊，列肆皆是。妇女炫妆来观，盈握而返，熙熙然乐也。及后得菊栏异卉百数十种，名色俱异，其可志者，有黄金帘，色微黄，有妆水者，色微红，大皆如碗。然栏中无特大者，其作褪黄白色者名泰山，白其红而作深紫色名泰平乐，其色红、瓣微纤而长者为猩猩舞，其大瓣微卷、色似蜀葵者为人丸，其淡红色、瓣大四卷如蟹爪者为美人树，又一种色态俱类美人树而较白者为千岁礼，又一种色似人丸而稍红者为狮子曲，其深红若脂者名若紫，近黄者名福色，又一种似猩猩舞而色略深者为桃之侍市，其作金鱼黄色者为夕日云，一白色者为白凤，一作硝子白者为汐衣，一上淡黄、花底红者为子男鹿，又一淡黄者为小金井之里，一红而带微黄者为篝谷，一色正朱者为丹顶，一瓣长细而白者为布引泷，其他二见浦等，而数十种，皆妍雅可爱，其中尤以美人树、人丸两种为尤佳，因书之，以当海外群芳谱。此地有熏风园，杂供奇卉，小小盆盛，亦复幽胜。纵游至午乃返。是日东人在不忍池边斗自转车，合东京、京都、大阪三处角之，入观者人纳金一圆至五十钱，绕池一周，其疾如风，亦妙观也。

丁酉，晴。早，参观女子高等师范学校。校设于明治二十三年，为东京府女子师范学校所改，在高等师范学校之邻，附属有高等女学校、小学校、幼稚园。其学校分为文科、理科、技艺科。文科科目为伦理、教育学、国语、外国语、历史、地理、家事、体操，随意科为习字、图画、音乐。理科科目为伦理、教育学、国语、外国语、地学、数学、物理、化学、博物、家事、图画、体操，随意科为习字、音乐。技艺科科目为伦理、教育学、国语、外国语、家事、习字、图画、体操，随意科为音乐。修业皆以四年为限，其中又设研究科、(撰)[选]科、专修科。研究科以便本校卒业生尚欲研究教育学及教授法者，年限为二年。(撰)[选]科生为有教员之志望而愿(撰)[选]修一科或数科者，惟必须兼修教育、伦理，年限二年至四年。专修科专为备师范学校、高等女学校教员缺乏而设，有修地理历史者，有修国语汉文者，年限或五学期，或二年。凡师范生由官给费，卒业则有五年服务之责。校长高岭秀夫，教员并附属校园凡五十八人，生徒定员三十名，专修科每三十名至四十名。通译粕谷好助君导观化学物理标本室，所藏动植物甚众。遍观昆虫科鳞翅、膜翅、二翅、鞘翅、害虫各种。观讲堂，现假为自修室，通堂电灯陈列精美。观割烹作法教室。次观高等女学校。学科为修身、国语、汉文、外国语、历史、地理、数学、理科、家事、图画、习字、唱歌，年限为五年。别设专攻科，(撰)选修身、国语、家事、习字、音乐、外国语等科而修之。其授业料则本校一年至三年月金一圆五十钱,四年至五年月金二圆。专修科则月自一圆五十钱至二圆,(撰)选科生月金二圆。观附属小学校。校为师范生练习教授之地。学科分为三部,第一部为多级编制寻常、高等小学校,全部皆女子,生徒二百四十名,年限寻常四年、高等二年;第二部为多级编制寻常、高等小学校,男女皆有之,生徒三百二十名,年限寻常四年、高等四年,而高等第四年者尚未有人也;第三部为单级编制寻常小学校,生徒六十名,修业三年。科目为修身、算术、国语、唱歌、体操、裁缝、手工、历史、地理、理科、图画、英语。末五科寻常科无之,其余毕同。其授业(科)[料]第一部寻常月金一圆,高等月金一圆五十钱;第二部寻常月金三十钱,高等月金五十钱;第三部不征收,此部不设高等,专取便贫学,为他校所无,实创格也。主事为槙山荣次君,导观各室,其成绩有厚纸、竹木各细工及图画之属。此校总坪数第一部三百六十七坪,第二部三百有八坪,第三部四十六坪。观附属幼稚园。园亦便于教生及保姆练习之地。设园长、副园长各一,当直员一,有游嬉室、玩具室、保育室,所设恩物各种积木之类甚备。园长中村五六,副园长青基吉导观各室。凡幼儿年三岁至六岁得入园,定员限百二十名。其课目为游嬉、唱歌、谈话、手技四门。保育时数每周以二十五时为率,保育料每人月金一圆。别设分室,每室定员六十人,保育时数每周二十八时,不征收保育料,而兼令以洒扫各事,此为日本幼稚园之最先,而出于官立者,亦此所独也。全校敷地凡九千五百九十一坪,建坪四千三百坪,内二阶五百四十四坪。夜,即编其规则,并系以论。发粤中第十二号家信。

戊戌,晴。早,赴院听棚桥氏续讲实科教授法。午,得仙洲太守信及汇单银六百日圆。听波多野氏讲游戏上之训练。是日增葛冈氏豫讲经济学人力二时。

己亥,晴。早,矢津、根岸俱缺席。新延那珂通世博士讲古史。那珂博士尝为东京女子师范学校(未加高等字之时)校长,今为高等师范学校教授。

庚子，晴。早，佐佐木氏缺席。近高等师范学校教员往日光修学旅行，故诸讲师多停讲者。得大人手谕及吉符兄、寿平叔信各一缄。午，听波多野氏讲游戏，又作业。夜，雨。

辛丑，晴。早，矢津氏缺席。出京桥区购地球仪及各种地图、书籍，回会芳楼小酌。时旅费枯窘已久，会同人有腹疼者，余戏谓鸡儿踏破莱菔园也。午后延山根正次氏讲生理卫生学。与展堂信。夜，雨。

壬寅，微雨。早，复信吉符兄，即发家信第十三号。又与寿平叔一函。根岸氏缺席。是日农科大学运动会。

癸卯，日曜，晴。早，具公函复仙洲太守。晚，始围炉。

甲辰，晴。早，坐火车往赤阪区青山北町五丁目，观东京府师范学校。校创于明治六年，初建于曲町区辛町，后迁小石川区竹早町，寻新筑于此，与女子师范学校互易焉。地方闳壮，颇为美观。今校长为泷泽菊太郎，教员二十四人，校医二人，助手四人，生徒现二百六十六名，豫备科七十一名。凡学科，于本科外，有预备科，有讲习科。本科科目为修身、教育学、国语、汉文、历史、地理科、习字、图(书)[画]、音乐、体操、英语，修业年限四年。预备科、讲习科皆二年。遍观各教室，寻往听讲物理学。讲纯粹物理之方法，分为器械的、物理的、化学的三种。旋又听唱歌，先授以音乐，乃以新词，不过三句而已。午食后听讲博物。讲习科讲动物界之分类。讲习科不专属本校，亦有女生附听者。理化教师又为解说诸动植物标本。其理化实验室每十人一桌，立而试验，皆只自修，教师不常临教也。已又观寄宿舍，每舍八人，各有衣架在楼上，甚光洁。日人向少施帐，皆席地卧也。自修室每室以十二人为率，每桌四人，两两对坐。食堂、厨房、浴堂皆宽展足用，以其新建，故甚可观。附属小学校设主事一人，训导十一人，学科寻常则修身、国语、算术、体操、图画、唱歌、裁缝，凡四学年，授业料不征收；高等则修身、国语、算术、日本历史、地理、理科、图画、唱歌、体操，又女则裁缝，男则英语，凡四学年，授业料月金五十钱。生徒定员六百九十名。主事大户荣吉也。是日，湖北刘君麟为通译，新自学院延至者也。

乙巳，晴。早，棚桥氏缺席。是日，波多野氏亦以差支告，同人均以旷废太甚，来日无多，将复以改良为请，会午后嘉纳氏演说，因以此请。嘉纳氏又言："改革政治不可太激，激则恐生他变；改革教育不可太缓，缓则求学问者有懈怠而不能为有用之学。为今之计有二：一当使人学中国所有而必不可少之学，圣人之道，可删繁就要，择可行而存之也；二使人学中国所无而出于泰西之学。两者当并行，教育与富强只是一事。"又云："中国人利禄之心太重，故为科名所束缚，而不能成学问。且其人情性太自尊大，故进步生阻力。不知当自尊者，固不宜自卑；而不当自尊者，不得不知己之短也。然人必知己国之长，而后能日进。若但知他国之长，而不知己国之善，则心已日亏，无国家思想。故教育之原，当使无人不具爱国之心，一面知己国之弱，即一面谋己国之强，而后可也。吾自明治二十二年初到欧洲，见各国事情，每不如传闻之美，然日本亦虚心法之，以有今日。中国取法外国，亦当如此，不当摭人之短，而并弃其长也。既有自谦之心，又须有自负之心，必使举国皆以吾国为可以大有为，而后民气振奋。"听葛冈氏豫讲经济学人力资本。

丙午，晴。早，赴院听矢津氏讲地理学天文地理，根岸氏讲理学音响。午，听葛冈氏讲资本。夜，唐君玉书麟到访，议广东学生开恳亲会撮影，以志纪念。雨。

丁未，晴。早，听佐佐木氏续讲国语教授法，自习东文。午后，听波多野氏讲良心。编东京府师范学校规则，且系以论。冯君稚强斯栾来，定期日曜于上野公园之花月亭启会，在此刷印报告，因留饭。

戊申，雨。听矢津氏续讲天文地理，自习东文。午后，听根岸氏讲化学硫化水银之分析法。

己酉，阴。早，往陆军士官学校，观卒业式。是日，日皇以微恙未出华顶宫，博恭亲王诣校行礼。先期卒业生军服佩刀，先作豫备，马兵乘马，炮兵载炮于车，牵马而驰，步兵执刀背囊，各作队伍，皆黄绒编绿之服，竖白牦为缨，演习以待。观者亡虑千数，中国学生亦数百人。至期，马兵、炮兵、工兵、步兵、辎重兵各分队而立，队各有长，长刀而指挥之。博恭亲王与海军少佐及各学校之敕任官、陆军大学校长藤井氏等凡数十人步行而入，每及一队，举手致敬。队长横刀向地，以为礼。已而巡阅既毕，乃大合队绕场而驰入于校后之驰马场，马兵于此演高等马术。骑兵凡四十八，分为二部，各执一旗，每四骑为一队，交互往来，行列不乱，复绕场走，或分或合。队长挟国旗而先，寻复直驰登山坡，绕坡而下，如是者再匝，所谓难路竞走、障碍竞走者。有一骑兵方驰下时颠(播)[簸]过力，身纵马首坠下，兵急以臂挟马项复就鞍，马亦仰首若解者，厪得不死，可谓危矣。后更为旗取竞马，散布红白小旗于地，使骑兵下马拾之，得旗者驰登山坡而下，复下换白旗，以此为胜。日本陆军用马，高骏异常，日人身材复矮，马不施蹬，上下殊难，此亦可见其陆军之能事也。少顷，行授证书礼，设几案场中，旁奉军乐，卒业生皆列伍，面而立，部各一领队趋而前，三举手为礼，乃各授以所部生证书，成礼而退，分证书于众。其优等生凡八人，按名传呼奏乐，赏以银，时计进退，皆三举手，以代点首，复归伍，亲王以下次退。是日，卒业者要塞炮兵七十六名，野战炮兵九十二名，骑兵六十五名，步兵四百十一名，工兵三十八名，辎重兵二十七名，凡六百九十九人。中国学生卒业者凡二十五人，计步兵十六名：湖北舒君清阿质夫、哈君云裳汉章、良君赉臣弼、应君云从龙翔、萧君翼如先胜、宝君琼浦瑛、吴君锡卿佑贞、敖君子瞻正邦、蒋君春山政源、余君海清明铨、杨君舜臣正坤、张君星垣长胜、段君鲤廷金龙，福建冯君幼伟耿光、华君墨林承德、张君纪珊哲培；骑兵二名：湖北萧君蕊高开桂、蒋君秋成肇铿；炮兵四名：湖北龚君云青光明、王君司臣遇甲、沈君筱溪尚濂，福建许君端伯崇仪；工兵三名：福建王君恺士麒、湖北蓝君秀豪天蔚、易君举轩乃谦。冯、许两名，皆番禺人，而由福建派遣者也。校中是日设欧餐饮,卒业生陈设华整。幼伟言即日出校,迁入近卫联队。凡成城学校卒业生可入士官学校,作为士官候补生,一年卒业,为见习士官,使之教练新兵、指挥部伍,即为各兵科少尉官阶。

庚戌,日曜。早,往上野公园花月亭,亭在西乡隆盛铜像之后,亦颇幽雅。现在广东留学生凡六十八人,到者四十九人。吾邑邹少毅茂才永誉、东莞祁乾南上舍杰皆新到者也。将午,稚强陈说开会之意,及定各规则,拟选举干事三员,一庶务、一会计、一书记,每年以阳历一月、四月、九月选之,不许连任。是日以记名投票法,举墨斋司庶务,稚强司书记,湖帆司会计。又以次票之璧生、庄持及方君应周为后备,以便有事交代。午食后于亭前撮影,余先归。已而雨,顺观赤城小学校运动会。凡学校大小皆有运动,亦各为竞走柔术之戏,且列队持枪肩旗以习军容焉。夜,雨甚大。

辛亥,阴。早,往神田区一桥通町,观东京高等商业学校。校设于明治十八年,初东京外国语学校及所属有高等商业学校,十八年合并于农商务省所辖东京商业学校,更称为今名,此本校之缘起也。地本为外国语学校故址,内设商业教员养成所。本校学科分为本科、豫科。本科学期三年,学科为商业道德、商业文、商业算、商业地理、簿记、机械、工学、商品学、经济学、财政学、商业历史、民法、商法、国际法、商业实践、商业学、英语、外国语(佛、西、独、伊、清、露、韩内之一,下同)、体操。豫科学期一年,学科为商业道德、书法、作文、数学、簿记、应用物理学、应用化学、法学通论、英语、外国语、体操。又设专攻期,学期二年,学科为商业经济、民法、商法并比较商法、刑法大意、国际法、宪法、行政法、英语、外国语。除以上必修外,复于贸易业、银行业、铁道业、回漕业、保险业随意选一修之。教室多新筑,制甚精良。因观英文教室,先后所见教师二,一为阿利商德觉昔夫希亚,一为哈多士温,皆英国人,声洪亮而坚响。每教一事物,辄形容之,使生徒互相演习,为相见问答之状,杂以戏谑,甚易入脑。堂上中国生二。教师皆识日本文字语言，见余等至，使生徒邀入坐，且言中国人发音甚良，日本人多不及云。粕谷、墨斋皆至，为通译。观讲堂甚大，有飞楼堂，悬涩泽荣吉之像，以志纪念。又观其图书展览堂，藏书极富，各府县统计年表及明治历年统计年表甚众。其书分英、法、德文者，在阶下，俄文、华文者，在阶上。我国之书除二十四史外，小说甚夥，如《红楼梦》《水浒传》之类。盖校之宗旨在商业，而其要着之学科在外国语，以此为习语之一端也。又观商品陈列所，所列美术诸品，以陶、漆、丝、画为大宗，各国制品亦甚备。今录其标本细目如下：第一部工艺品，甲，织物类（原料及制品）、乙，地席类、丙，漆器类、丁，陶磁器类、戊，铜器类、已，七宝器类、庚，玻璃器类、辛，纸及纸制品类、壬，革及革制品类、癸，油蜡烛及岳模制品类、子，绘具及药品类、丑，杂货类；第二部农产及水产，甲，谷物类、乙，茶及加非类、丙，砂糖类、丁，蓝类、戊，生蜡未制岳模其他油蜡原料类、已，水产类；第三部矿业品；第四部铁器机械及建筑材料，甲，铁器、乙，利器、丙，制造机械、丁，度量衡、戊，炼瓦石材、已，木材。本校学费每年豫科二十圆，本科、专攻科二十五圆。又有支给补助之例，如有学优品正者，年可贷金百圆，以利子八分算。现校长为寺田勇吉，教授二十二人，助教授十四人，书记八人，讲师二十人。外国延请教师，英国二人，佛国、伊国、白国、清国各一人。生徒现本科四百七十余人，豫科三百余人，专攻科六十余人。中国学生五人，皆（撰）[选]科生也。教员养成所学科为论理、商业作文、商业算术、商业地理、商业历史、簿记、商品经济学、商业学、商法、商业实践、英语、教育学、教授法、体操，修业二年，不收授业料。本所主任为校中教授水岛铁也，讲书亦兼担任之，现员三十余人。通计校中敷地六千九百八十一坪有奇，体操场别在锦町三丁目，一千有七十九坪有奇，分场敷地三百有八坪有奇，连附属各地合共万六百五十九坪。与养源、季良返，访湘帆、少毅于同文书院。院设于明治三十三年，为东亚同文会所创，专为我国人而设。其学科为修身、日语、日文、算学、英语、物理、化学、地理、历史、体操，二年卒业。

学费月金二圆，舍费一圆，炭油费一圆，食用八圆。现生徒有五十一人，然无所得用，只学日语速成而已。每初到，辄不解语，只专力学日语、日文，所谓读法、会话、译文者，如是者一年有奇，乃始及物、化、地、历之学，而数月草草又卒业矣，可叹也。晤三水邓君文起辩华、高要黎君孝渊勇锡、吴县汪君味根郁年，在此阅报，久之乃去。

壬子，晴。早，棚桥氏续讲教授法。与墨斋往日本桥区，纵观于朝日万年诸桥之间，购得《世界发明元始家列影图》及《世界人种相貌图》各一幅，皆学校中所需要品也。观东京筑地株式会社活版制造所。此所为制造活版机器最大场处，工人极众，建筑亦堂皇。其中用品如花边间线、美饰间线、锌制间线、铜制间线、重板组盆、墨漆金植字架、椭圆铜器活字箱、绵板架、肉棒金具、肉棒铸型、切铅器、斜切器、较正刷器械、发条文字挟、帚子、篦子、锅子、活字手押器、刨机锤、缔楔器、锐首有首未俱锐者、锥子，无不皆备。器械有手引印刷机器，分四种，甲金二百圆，乙百二十圆，丙百圆，丁七十圆。有车器械，分五种，乙金二千圆，丙一千圆，丁五百圆，戊四百圆。又有轻便印刷机器、手引石板印刷机器，不一而足。其活字有汉文，有和文，有欧文，自如小豆以至四方寸皆备。又有草书、隶书、平字、纵字、欧字、恶郄克形字、夫温特尔形字，印物之符号，约物之括号，皆绝精巧。大约用全副印字器及附属各器为小印字馆之预备者，须金八百三十四圆八十七钱，若报馆用之者，须金千三百四十七圆云。寻邀墨斋至会芳楼，午食乃归。午后，波多野氏讲用赏之法。

癸丑，晴。早，听矢津氏讲数理地理，听根岸氏讲热学。午，得寿平叔手信。葛冈氏缺席。编清华学校规则。清华本为横滨大同小学校成材而设，故名大同高等学校。今岁公使允岁为资助，令易今名。既而学生冲突之事起，遂辍不闻。支柱良不易，势可危也。

甲寅，晴。早，听佐佐木氏讲书方文法教授法及修身教授法，因示所著《修身教授撮要》一书，自云“教育家多误以修身与训练为一事，彼特分别言之，以明修身之主要”云。午，复信寿平叔。听波多野氏讲赏罚之法。

乙卯，阴。早，听矢津氏讲数理地理及人文地理。午，听根岸氏讲化学，炭酸及酸化炭素，又水之化合。夜，雨。闻南洋公学学生全班退学，拟别私立学校，函请佽助。初公学官样之习气，华文教习之压制腐败（堂内监起居者华文教习，故有权），久有所闻，一旦以小事动愤，相率退出，盖由某教习误罪一生，而合班争之，总办处置不善，于是下一哀的美敦书于督办，约期偕去。事由第五班起，而全班和之。既出，即拟自立一校，其事如此。余谓公学必不因教习一人而遽废，不如以公义发一函为之转圜，必不可挽，乃谋佽助私立，未为晚也。劝本院干事先致盛京卿一函。

丙辰，晦。早，习东文，听根岸氏讲物理光学。学院速成师范课章虽暂改良，而本科生尚无所学，故亦日以改良逼迫。拟明年增博物、生理、英文诸讲座云。午后，往神田区购地图。夜，雨。

卷　五

起十一月初一日，即阳历十一月三十号

十一月丁巳朔，日曜。早，雨。午，出游神田区。初来时，日钞每百圆以英洋易之，不过水一九至二二，今竟涨至三五，真骇人也。

戊午，晴。早，往下谷区上野公园内，观东京音乐学校。校本文部省之音乐取调挂所推广，明治二十六年始附属高等师范学校，三十二年称今名。别一校设于神田，其分教场也。校中分为豫科、本科、研究科、师范科、选科五种。豫科者，为入本科之预备者也，其学科为伦理、唱歌、怕挪、乐典、写谱、国语、英语，女子加体操、方舞，课外置汉文一科，以一年为毕业。本科分为声乐部、器乐部、乐歌部。声乐部学科为伦理、独唱歌、诸重音唱歌、怕挪、阿露莺、和声学、乐典、音乐史、音响学、乐式一斑、审美学、歌文、外国语，女子加体操、方舞。器乐部学科为伦理、器乐、诸重音唱歌、和声学、乐典、音乐史、音响学、乐式一斑、审美学、歌文、外国语，女子加体操、方舞。乐歌部学科为伦理、歌文、汉土诗文、西洋诗文、历史、诸重音唱歌、怕挪、阿露莺、和声学、乐典、乐式一斑、音乐史、音响学、审美学、外国语，女子加体操、方舞。随意科课教育学及教授法，课外置生理学、心理学、乐器构造法、调律法四科。以三年为毕业。研究科者为本科卒业生专攻声乐、器乐、作歌、作曲而设者也。其学科为声乐、器乐、唱歌指挥法、作曲、听音、管弦乐指挥法、合奏、练习、作歌、西洋诗文、歌文，以二年为毕业，至第二年乃专攻声、器、歌曲之一科。师范科者以养成师范学校、中学校、高等女学校及小学校之音乐教员者也，分为甲、乙二种。

甲种学科为伦理、唱歌、怕挪及阿露莺、乐理、和声学、音乐史、诗歌评释、教育学、唱歌教授法、国语及汉文或英语、调律、练习、体操、游戏及诸礼。乙种学科为伦理、唱歌、阿露莺、乐理、唱歌解释、唱歌教授法、体操、游戏及诸礼。甲种为师范等校教员，设以三年为毕业；乙种为小学校教员，设以一年为毕业，皆免除授业料。而诸礼一门，则但女子习之。选科者，于科目中专修一科或数科，不论男女，亦不拘年龄。凡豫科、本科，授业料每学年金拾圆；选科授业料每月一圆至五圆，研究生则支给学资以补助之。甲种师范科亦支给学资，月六圆至八圆。此诸科之大略也。查日本音乐之学，日有进步，以伊泽修二君之功为多。当明治十二年，置音乐取调挂，以伊泽君为挂长，所取调者，本邦部之雅乐、俗乐，外邦部之西洋乐、清乐也。学校中习唱歌之要，在于选定乐谱及歌词，编辑图书，练习乐器，考求唱歌普及之方法。其高等音乐，谓本邦及西洋管弦乐二种，足以感发国民高等之思想云。音乐发达之大纲，实在于此。后伊泽君为校长，研究古今内外音律异同，讲究各国普通记谱法及本国旋律之法，又淘汰乐曲，可存者存之，当改良者改良之，乏和声者调和之，然后制新乐曲，选定国歌数据，至今彬然成一种学问，盖经营二十余年矣。遍观诸教室及自习室，每自习室俱蓄风琴，一生徒独鼓之。奏乐堂在阶上，极广，足容千二百余人，坐位俱层累益高。堂中承尘穹然，而高声响甚远。惜是日教员多往高等学校教授，不克多阅。校长大岛氏，忘其名。其余教授六人，助教授九人，并外国讲师数人，德、法、俄皆有之。就近观东京美术学校。校置于明治二十一年，为旧西四轩寺迹，敷地凡一万二千八百五十四坪有奇，建物坪凡一千五百十二坪有奇。校中分为八科，曰日本画科，曰西洋画科，曰图按科，曰雕刻科，曰雕金科，曰锻金科，曰铸金科，曰漆工科。其科目则日本及西洋画科为历史及考古学、美学及美术史、美术解剖远近法、教育学、用器画法、体操；图按科为绘画、历史及考古学、美学及美术史、图按法、建筑装饰史、物品制作大意、用器画法、教育学、体操；雕刻科为塑造、实材制作、绘画、历史及考古学、美学及美术史、美术解剖、体操；雕金科为绘画及图按、历史及考古学、美学及美术史、图按法、美术解剖、金工史、应用化学、体操；锻金科为绘画及图按、历史及考古学、美学及美术史、图按法、美术剖解、金工史、应用化学、体操；铸金科为绘画及图按、历史及考古学、美学及美术史、图按法、美术(剖解)[解剖]、金工史、应用化学、体操；漆工科绘画及图按、历史及考古学、美学及美术史、图按法、漆工史、应用化学、体操。以上诸科，修业皆四年，每年必有实习，卒业则有制造。此外又置豫科、研究科、选科、图画讲习科。豫科有二。甲种者绘画、图按、漆工四科之预备也，课目为绘画、历史、美术史、外国语、体操；乙种者雕刻、雕金、锻金、铸金四科之预备也，课目为雕塑、绘画、历史、美术史、外国语、体操，以一年为毕业。研究科则本科卒业后欲研究实技者，学期限三年，不收其授业料。若能自出心思，制作特别之品，而则每年之末，教员会议而评定之。选科者，择一科目或数科目(学修)[修学]者，或豫科卒业而身体羸弱不耐劳苦者，可入此科。图画讲习科者，为各校图画教员欲补修其术而设，学期一年至二年。凡本科、豫科、选科、讲习科，授业料每年各金二十圆。现校长正木直彦，教授十四人，助教授二十八人。观预备科学画初步，花鸟之属，甚有法度。观西洋画科，初学以(本)[木]炭试画，而以白垩模形人半身及全身学之。观雕刻科塑造室、木雕室，或人或兽，或嵌花。观图画讲习科一年室，桌皆极矮，高仅及膝，长五尺，广四尺；二年室有嘉纳芳画悬壁间，云："日本画中名家，始传中国画法者也。"过操场，往观铸金科工厂及附属室。凡铸金法，先用蜡模肖，乃以泥傅之，凹凸悉着泥内，则以火镕去其蜡，再镕金入土模中，俟冷而敲去其泥，如人像、动物，或嵌花之瓶皿，无不如意。观漆工科调漆教室。日本漆画之术称为精工，观其描画，亦殊耗心力。其漆器上画，必用不食油之鼠毛为笔，乃克如意云。观标本成绩陈列室，各种莳绘悉备，有平莳、高莳之别。其漆品罗列甚繁，皆自中国来者也。其他美术品甚夥。观西洋画室，外国留学生成绩品及郊外所画成绩品在焉。别画裸形女子室，室中方床，为女子立处。盖画裸女子，皆使美妇人裸形对画之，西俗也，欧西此风数见不鲜，日本步趋至此，可谓极力摹拟矣。本校常年经费须银六万三千八百四十六圆有奇。校中文库所藏和、汉、洋图画及木、石、金、(磁)、雕、漆、绣、织各标本凡二万五千二百四十一点，计银五万四千二百三十三圆余，亦可谓本校之特色也。午食后返，与墨斋观教育理科各品陈列场。场中搜集日本诸矿物及宝石标本百数十种。宝石标本第一为宝玉部，有金刚石、红宝石、青石、尖晶玉、亚克亚马利哀美拉儿多金绿玉、风信子、玉真珠、黄玉、青柘榴石、却普儿白眚蛋白石、火蛋白石、土耳古玉、红电气石、黄电气石；第二为饰玉部，有琉璃、蔷薇辉石、翡翠玉、曹灰长石、月色长石、猫睛石、虎睛石、孔雀石、水晶、紫水晶、黄水晶、红玛瑙、血石、缟玛瑙、苔玛瑙、砂金石、碧玉、琥珀。矿物标本第一为元素类，有金刚石、石墨、自然硫黄、自然安质母尼、自然砒素、自然旧铅、天降铁、自然铜、自然水银、自然银、自然金、自然白金、自然衣里于须美恩；第二为硫化物类，有黄铁矿、白铁矿、又水砂及斜方黄铁矿、砒硫铁矿、辉高保留登矿、砒高保留登矿、砒日计留矿、砒硫日计留矿、安硫日计留矿、硫高保留登矿、磁硫铁矿、方铅矿、辉银矿、闪亚铅矿、红砒日计留矿、硫满俺矿、毛日计留矿、黄铜矿、斑铜矿、辰砂辉水银矿、鸡冠石雄黄辉安质母尼矿、辉苍铅矿、浓红银矿、淡红银矿、黝铜矿、硫安银矿；第三为酸化物类，有红亚铅矿、赤铜矿、钢玉、青玉、红宝玉、东紫玉、东黄玉、刚玉、砂赤铁矿、辉铁矿、云母铁矿、血石、知且铁矿、砒华水晶、黑水晶、紫水晶、双晶水晶、草入水晶、黄水晶、红水晶、猫睛石、砂金石、铁石英、绿水晶、角石、木化硅石、试金石、普通石英、硅华石英、砂碧玉、玉髓、血玉髓、红玛瑙、绿玉髓、浓绿玉髓、燧石、玛瑙、苔玛瑙、缟玛瑙、红缟玛瑙、三斜硅石、蛋白石、玉滴石、宝蛋白石、火蛋白石、普通蛋白石、半蛋白石、木化蛋白石、地留根矿、锡石金红矿、锐锥矿、软满俺矿、金绿玉、尖晶玉、久路无铁矿、磁铁矿、砂铁辉满俺矿、铅丹地亚须保留含水满俺矿、针铁矿、褐铁矿、沼铁矿、硬满俺矿、高保留登土;第四为卤石物类,有岩盐、硇砂、角银矿、甘汞萤石、冰晶石、绿盐铜矿;第五为酸盐物类,有硝石、曹达硝石、硼砂、冰洲石、方解石、犬牙石、纤维石灰石、豆状石灰石、山乳石、灰华钟乳石、石笋、大理石、致密石灰石、白亜白云石、菱苦土矿、菱铁矿、菱满俺矿、菱亚铅矿、霰石炭酸重土矿、须登论志恩矿、白铅矿、蓝铜矿、孔雀石、硬石膏、重晶石、天青石、硫酸铅矿、芒硝透明石膏、纤维石膏、云花石膏、舍利盐、皓矾、绿矾、矾土矿、丹矾、明矾、石黄铅矿、重石、乌留布兰蓝铁矿、高保留登华、土耳其玉、银星、石蓝磷矿、磷灰石、磷块、石绿铅矿、红柱石、空晶石、黄玉、斜一字矿、电气石、白电气石、别须武石、绿帘石、红帘石、橄榄石、硅灰铁矿、硅酸孔雀石、柘榴石、绿柘榴石、青柘榴石、黑红黄各柘榴石、柘榴砂、斧石、棍状石、白榴石、霞石、曹达方石、白红黑金各云母、蛭石、真珠云母、绿泥石、碱石、蛇纹石、海泡石、滑石、冻石、硅灰石、古铜石、顽火石、铜红辉石、辉石、透辉石、异剥石、葡萄石、黝辉石、软玉、蔷薇辉石、角闪石、透角闪石、光线石、石线石、绒硬玉、蓝闪石、堇青石、绿柱石、蓝柱石、绿玉、曹达滚石、方滚石、斜方滚石、辉滚石、赤滚石、束状滚石、鱼眼右、正长石、冰长石、月长石、玻璃长石、斜长石、曹达长石、灰曹长石、曹灰长石、灰长石、粘土、陶土、梢状矿;第六为有机物类,有琥珀、泥炭、褐炭、石炭、无焰炭、土沥青、地蜡、石脑油。此外尚有日本岩石标本,分为太古界、古生界、中生界、新生界,皆教育不可不备之品也,故详志之。

过看写真馆,主人山内幸次郎为言:"日本写真之术,日益研进。每年于七月、十一月适名胜之地,为远行照相之会。更来年为竞技大会,公举评议员、审查员公定之,予以赏状,以相鼓励。更刻写真讲义录,以浑说其奥蕴。"参考其用法,亦商战之要点也。照相器械有仅一小篋,极便于携带者。日本所制,远不及法人,价亦少杀。大抵营业家用者,率数百金,学生自用者,则五六金至一二十金不一。需吾国银十两内外,可得一玩物也。

己未,晴。早,听棚桥氏讲教授法。午,听波多野氏讲罚之种类。

编辑东京音乐学校规则，系以论。

庚申，晴。早，听矢津氏讲人文地理，根岸氏讲物理光学、磁石学。午，葛冈氏缺席。访庄墀于成城学校，不遇。小雨。夜，寒剧。

辛酉，晴。早，佐佐木氏讲修身教授法。午，听波多野氏讲教师用罚注意之处及教员之性格。是日本省速成师范科定期于十六日行卒业式。

壬戌，晴。早，听矢津氏讲人文地理。午，听根岸氏讲化学，检查水之成分及水素与酸素化合成水之法。

癸亥，晴。早，往高等师范学校附属小学校。参考教法，凡师范生将卒业，必有实地教授之练习，速成科不能悉然。又以不通语，故变通之。但观其教授之法，逐一指示而已。是日诸省师范生毕集，佐佐木氏导往观寻常第一年生国语教法。教师笠原氏，现为文部省编定国语教科读本，故所教极有法。时方教小儿知卵生、胎生之理，乃设为一喻言：今我在一屋子中，四壁白色，并无窗户，屋形正圆，欲出不得，则撞破而后出，如是云云。口授众生，令以假名书之，再读过，乃谓众试猜此何物耶。众童或言犬，或言耗子，或言贼末，一孩言是鸡卵，则曰是矣，因为解诠之，众孩谛听甚乐。此法不但使小孩熟晓名词，兼练其脑力，又以知卵生之理也。继而观教唱歌，教师为前川户助。壁上先悬音阶图，乃书歌词于涂板，教读之，粗能读，然后教唱，奏琴节之，挨班而上复然。其分教之法，则一半立唱，其半拍掌为节。佐佐木氏为言：“教儿童唱歌，必先每句教读，然后可以合声。小儿呼吸不及大人者四之一，其气低弱，故寻常小学生徒之声，不得高过五寸，至高等乃可渐高。”又言：“日本教唱歌之法，至今已臻美善。凡教发音时，不可用乐器，但宜以教师之音导之。人太多，齐唱则于声音不清，而小儿喉管亦有碍，必须轮班，先后令习之。至于教呼吸之法，不必作歌，但视教师竹竿之高下而异耳。”寻出观体操及女生游戏。游戏种种不一，大都合众竞走，而以旗取之法，用抛球若掷沙袋，更有负人而趋者。出之小孩，良不易也。体操教习为富永岩六，为言："体操有二，一主生理，以活其骨骼；一主心理，锻炼其意想。生理之体操在运动，若用手而不用足，亦非善法，然足以远行，终日劳动。而手之动作甚难，极当加意设法，使多其运动之数。常人之手，不过平举，今当习使上举，西人更以重铁持之上举，至有一种机器，价数十金，专以活动其手者。人手上举，久则项以下壮实，而身体随之。讲求卫生者，项必肥大，颔必广，腮必厚，一见可知也。故西人坐必平视，颔不藏，而后背肉平厚，无弯曲之病。"又言："体操极有益于身体，操时必尽出气力，乃有功效。两手出力，一身之筋骨始运动，然不可操至一时之久，必半时体操，而以半时游戏，盖两者相辅，勿使过疲也。至于心理体操，为精神上体操，如走圆木、盘铁棍，皆于身体、精神，两皆有助。德人斯匹士，发明生理体操者也；雅翕，发明心意体操者也。各国体操，大都本此两人，虽论者间有异同，然并不悖也。"次论游戏言："英人游戏之法，以使小孩有趣味为主，德国则有与于战斗之关系。日本游戏各法，皆本于德，然所教不可太深，务须以渐，至高等则登山远行，以练其精神，临战自不为苦。故游戏一于趣味，亦自无益，仆意改良体操游戏之法，中学生以上用德教法为宜，小孩则用英教法，庶几两适。"又言："游戏教法，择小孩有精神者使竞争，优者赏之，当如指挥官设法以令将士，号令必严，使无狎于呼唤。其号令务须清楚，身端视正，乃为善。教师于游戏时，当与生徒同一乐容，乃尽其趣也。"

甲子，日曜，晴。是日弘文学院同窗开第二次会，并为同人及江苏、浙江卒业诸君送别。早，会于清风亭，众议各言归国后应办之事，以次演说。鸿若意在联络海外商人，不论官立私立，皆可致力。叔颖意在以乡间祠堂为小学校基础。余谓诸君挟一匹夫与责之心，慨然欲有作为，自是热念，然今之来学者，不过数月，或一年有半，便自命办事，何言之易也？发源不远，流必不长。余意今日言志，但有求学，并无办事，若勉力副当道之聘，未必遂至偾车，而兴办草草，非远大之计也。若言今日所可致力之处，则私立学堂，岁有踵者。余意中乃欲多设图书展览会，及开普通学讲习会，又筹建博物馆，此三事深为学校之根柢，所急者此耳。既而公举金君彦绳华祝、黄君纪园钤为纠察员，复与同人行送别礼而散。午后与筱舟往浅草区。观各戏院，有种种剧座，并有中国人于此变戏法，观者甚众。观电气馆，中陈电灯机、电唤铃及水力原动机、精米机，皆以小模型而电燃之。其他铁雕花木，引电其中，作五色观。又有磁石种种，取横铁着之，可挟以悬身不落，引力之大如此。一暗室，然电灯中有电机，按之，字纹及花瓣五彩栩动。别试照人骨髓之法，于电灯前引手其中，复以药镜障之，骨节尽见，即以绣囊贮刀翦等物，亦能照出，如无物然。电学之发明，至于以为戏术，实妙观也。凌云阁者，亦名胜之一，中列各种图画及近代战争事迹。登其上，四望京区，远近悉在眼下。次往开进馆劝业场、东洋馆劝业场游玩，有飞弹国产神化楠蚁塔化石，取价五百余圆。盖蚁性避湿，遇雨水至，则累土为台，居之久而成塔焉。又游共荣馆劝业场，出至吾妻桥闲眺。桥长三十余丈，横渡大河，上盖高棚，下通小火轮。建筑之宏壮，东国殆无其比也。渡桥，为本所区地，遥望廐桥，隐约烟际。此河直通海湾，巨桥凡四，两桥之外，曰两国桥、曰永代桥。两国桥最擅胜地，晚间施放烟火，多在此处。吾妻桥亦风景可观，皆胜地也。返，已暮。

乙丑，雨。早，乘汽车往信浓町，将观农科大学。过观青山学院。院为外国传教者所私立。日本学校，外人所立者尚多，此其最有名者也。农科大学为帝国大学分科，以大学构内地不足，故移于此地，为东京府下荏原郡上目黑村驹场，凡敷地十七万七千四百有一坪，其中建物坪数为六千有三十五坪，其附属地凡一万四千四百二十三坪，内建筑三十三坪，别于千叶及北海道设演习林地，凡二十五万九千七百六十五段(段为三百坪)，中附属建物地一百五十五坪。校设于明治二十三年，本东京农林学校，合并而成者也。学科分为四科：曰农学科，曰林学科，曰农艺化学科，曰兽医学科。四科之外，又为实科者三，为乙科者三。农学科科目为地质学、土壤学、气象学、植物生理学、植物病理学、动物生理学、昆虫学、肥料农艺、物理学、经济学、作物土地改良论、园艺学、畜产学、家畜饲养论、酪农论、养蚕论、法学通论、农业经济、农产制造学、兽医学大意、农政学、财政学及动植农艺各实验。林学科科目为森林数学、地质学、土壤学、气象学、森林物理学、最小二乘法及力学、森林植物学、植物生理学、森林动物学、林学通论、森林测量、造林学、经济学、树病学、森林化学、森林利用学、森林道路、森林保护学、森林经理学、森林管理、法学通论、森林法律学、林政学、财政学、森林理水及砂防工及动植森林各实验实习。农艺化学科科目与农学科略同，但无昆虫学、园艺学、畜产学、法学通论、兽医学大意、财政学，而加有机化学、分析化学、生理化学、发酵化学、化学原论、食物及嗜好品及农艺化学实验。兽医学科目为解剖学、生理学、组织学、病理通论、外科手术学、蹄铁法、家畜饲养论、酪农论、药物学、外科学、内科学、病体解剖学、寄生动物学、蹄病论、乳肉检查法、调剂法、畜产学、皮肤病论、马学、动物疫论、产科学、眼科学、卫生学、胎生学、兽医警察法、法医学、微菌学及各学实习、又家畜病院实习及内科外科诊断法。以上四科，修业年限各三年，除兽医外，卒业皆有论文。实科者，为农学实科、林学实科、兽医学实科，所学大都与本科同，而加英语或独语。乙科者为农学乙科、林学乙科、兽医学乙科，所以养成实业，科目亦略同本科，其年限皆三年。校中授业料每年金二十四圆。又设教员养成所，专造就农业补习学校教员，修业一年，不征收授业料。是日雨濡，终日不止，故不能观实习，但观各室及所列品而已。观兽医科标本室，有牛肾石、马肠石、兽腹中长虫及小虫、马牛死后割出之病因。又马之最有力者模型，此则兼及相马之法矣。马身不可食之处，遍注以字，有鬼门、弓箭等名，若人身之脉穴者。又有马脑，有全牛骨骼，有兽气管及百十小血管，有羊胃模型，羊胃最大，人之胃一，牛羊之胃四，四各有孔，展转灌输而后消化云。有人耳模型，有翦兽毛之机，有心模型，心血有红蓝色。红管一通上行达脑，一通于胃而应之；蓝管通于肺，而旋归于心，循环不绝。其他兽牙，又瓶浸病死兽肉甚多。观家畜解剖学病室，贮各解剖模型，其中分别甚晰，凡动脉色红，静脉色蓝，神经色白。兽足节节断下，皆有动静脉，故为大小断片模型，使医之者不误伤其要害筋。有马腿骨，有马肝、马前后足筋及神经模型。有马腹、全身动静脉、气管、神经横膈膜，一显微写真镜，一察脏腑中传染病机。兽脏腑中之汁有传染毒，目所不见，以此试之。此外各教室室中皆置全身牛马骨，以资考究。室外遍种诸药。观解剖室。方剖活马，马非有病，特迷之而剖视其脏腑，为生徒实地练习，每周间则试解一次云。观药室。药分为越机斯软膏、擦剂类、生药类、酸类、油类、防腐杀虫药类、剧药、毒药、新药、丁几酒精制剂、水溶制剂、舍利别类、盐类。旁室有试牛乳细菌机，其他药物、饲料、标本在焉。观卫生学试验室，观细菌学及病体组织实验室，观实科各教室，室皆宽敞，而人甚少。观病理试验室，瘟虫在脓血中，流处即传染至死，以物验之。别有验血机器，以种于猫。旁小室贮猫，号叫甚喧也。观农艺化学科植物生理学室。有玻瓶，中植麦数种，以温水养之，试温度之数，知麦之肥瘠。观学生分析室。大学院生亦分析于此，有试酒发酵之玻筒，有煮死微生物之玻璃管。视察所不能，须用药传其外，俟热度及之乃死云。观燃烧室，观脂油浸出室。有机器煮之则油下，而水浮上。观水及亚尔加里分析室，观显微镜室。去淘汰分析室，有机器去泥滓，甚得法。观各教授分析室，观器械药品室及外国讲师室、各讲义室，观地丁藏药室。药品多有畏光线者，有不宜近人者，开地窖作室藏之。登楼，观农学工业室，有耙、犁各器及扬扇石臼、莳草机等，多以古物与今比较优劣。如扬扇等，皆中国物也。观园艺作物室，备各种子、各蔬子，又糖料、糊料、粉料、油蜡料、树液料、嗜好料、药料、纤维料（席与纸）、禾谷类、杂谷类、饲料类。别室置杂类，农人衣食居处参考之资料及家畜骨骼，皆备之。观农具陈列室，有搅土器，如耙、耢之属，有聚草器，有刈草器，有条播器，有散草器，有液肥散布器，有汽力精米器，有砂糖分离器，有蜂蜜分离器，有芜菁切截器，有脱桴器，有截稿器，有碎谷器，有干毛器，有检头饰，有汽力韧折臼，有马鐅各类。又英、米、德各国犁式，以米国器为最通用云。时雨未歇，午食后观养虫室。贮腊虫及有益虫种种。室暗，不能遍视。观养蚕室，校中内外国蚕茧凡分三百余类，然法止大略，以非此校专门也。观林学科各室，外国树木种子及本国种子分列，若松、杉、桧等，其类最众，别藏腊叶极多。次行各林间，观实习之田。芳畦弥望，或高或下，几不辨是校中地。既而回校长室少坐，校长为松井直吉，校中中国傍听生十一人。因访君典，谈至夜乃去，之涩谷，乘汽车回。

丙寅，阴。早，棚桥氏讲教授法。所辑《参观学校图说》将成，余为之序，意谓此特形式，当更求教育之精神也。午，得桂午师复信。波多野氏讲教员之性格。夜，编定帝国大学各分科学则，系以论，且撰例言。

丁卯，晴。早，听矢津氏讲人文地理，根岸氏讲物理静电气及流电气。午，得大人手谕，及紫明叔、寿平叔、伯振兄各一函，又均笙孝廉一函。是日葛冈氏缺席，延农科大学助教授矢作氏代讲经济学。夜饮墨斋等于会芳楼，并以为别。

戊辰，晴。早，佐佐木氏讲算术教授法。往上野公园内帝国图书馆。(阅)[图]书馆在音乐学校之前，藏和、汉、洋书凡三十七万数千余本，诚大观也。除每朔日及日曜外，凡满十三岁以上，皆许入观。入观者求券，寻常券金二钱，特别券金五钱，亦有通月观券及限十回者。入门纳券，取得证纸，自至目录案上检所欲取之书录之，并其册数、函数、番号，转交图书出纳所，使取书。其寻常座在下，特别室则在阶上，妇人席亦在阶上。上下各设出纳所，通旁室藏书地，以机轮运书上下焉。其目录案不以册卷编目，而以厚纸编之。纸大于掌，(衡)[横]书其种类，次及其名与撰者、册数、年号、函数、番号，乃鱼贯而以铁串之，取翻甚便。凡和、汉书目八函，分三列，列约百余种，然皆各储一种，或已出书，则不能应阅者求也。观者极众，几无余座。学生求读竟日不去，各携纸笔就录之不禁，但静勿哗耳。余取阅者为楢原陈政所著《中国商况视察复命书》《宫殿调度图解》，中村五郎吉所撰《欧米盐业视察报告》并《陆海军军制书》数种。馆中所藏汉籍几于大备，自二十四史、九通及《古今图书集成》外，如胡凤丹《金华丛书》二百七十五册，朱记荣《槐庐丛书》八十册，《昭代丛书》百二十册，陆心源《十万卷楼丛书》四十八册，钱熙祚《守山阁丛书》百册，吴省兰《艺海珠尘》、鲍廷爵《后知不足斋丛书》各六十四册，马俊良《龙威秘书》、黄本骥《三长物斋丛书》、钱大昕《潜研堂全书》各八十册，《武英殿丛书》一百册等，指不胜屈。本国书自《百科全书》外，如《东京法学院义录》二百一十六册，亦称一大著述。然书籍册数之多，以中国为最，《图书集成》至千六百余册，东瀛故书远不能及，若西洋之书，则大都合为一册者也。楢原君为北京使馆二等书记官，其论日本商务谓：失着有三，一在金融机关之不整备，二在船舶航海业之萎靡，三由内地未发达，器械造制所太少。因陈三策：一、本国专对于清国之贸易，重要品有必可获益者，保护奖励输出之人；二、于清国要港，设置金融机关；三、奖励能航清国沿海者。又须于通商各地方皆设立商品陈列所，又养成商业生，多遣派商业视察者，而试行商于内地。又云："从前之缺点在商品与商标不符，而商家多滥制之品，两国商家气尚亦不投合，皆所短也。清国商人资本甚丰裕，其故由于全国之重要官吏及富族豪门为资本之主，又蓄财者皆乐委托其财于有力之商贾故也。各票庄银庄，又有意外之发达。惟交通不便，税厘太重，是其困处。华商勤勉而俭啬，信厚而重约，虽有定论，而概评其人，实国民中无教育者之团结耳。"中村君为农商务省派出视察之员，此报告附撮影图百六十余叶，于釜灶受入池、结晶池及各用器极详。凡盐分为四种，海盐、池盐、井盐、岩盐也。海、池、岩多由于天然，井盐则多出于人力。海、池所出，皆天日制之，以天然海水、天然土壤、天然气候，但以人力制之耳；岩盐亦然，存在地中，采掘即得。独井盐汲取之力较多，然其以各种装置蒸发水分，使之结晶而采收之，则一也。北米有一种釜灶，能使用稀薄之咸水，又盐之不纯成分所残留苦汁废弃其内,含各种有价成分采取之,大得所用。其他曹达冻冰、皮革、石碱、硝子各业,至于牧畜,无不得盐之利用。制盐业之组织,各国皆以制费节约为目的,英、米、德相竞力省,盐价随之低廉。凡英、法二国,其盐属民业,米国则止尼约耳克州一部属官业,德、澳、伊三国则一部官、一部民。各国盐业多出于一人之私业,故规模不甚大,一制盐釜而一日出百石以下之盐者实鲜也。英、米近年各设合资会社研究技术,以图改良云。午后,波多野氏讲教授法。归塾后得仙洲太守询有愿留学与否之电。夜,矢作氏课外讲义。

己巳,雨。又得粤电如前问。前电为院中监事所(阁)[搁],数日不复故也。余颇劝诸君更留,而行装已促,皆欲且归。养源劝余入京,余亦不愿居此。盖学院经此改良,明岁成绩或有可观,而所任尚非其人也。早,听矢津氏讲地理学,以功课止此,更撷地理之大要言之,谓:学地理者必须通十学,而后可言。十学者,天文学、气象学、气候学、地质学、地文学、动物学、植物学、人类学、政治学、统计学也。午,听根岸氏讲化学酸类及亚尔加里类,亦撮讲化学之大意。夜,嘉纳氏课外讲义,论回国振兴教育之方针,言:"各国文明日有进步,而中国反视康乾时有退步,以取法外国有名无实也。改变之法,凡百皆末,而教育为急。管理学务一切诸事,皆须使曾受教育之人,乃无贻误。国家教育,以造人才,并非但将八股面目改去即可。造成人材,其要在考察各国之教育,即以兵制论,打靶、试炮之事,皆其形式,三二年即可成,非难事也,必以教育为首。教育者,非以号令军法驱迫之,须使其乐于奉命,尽忠报国,而不僭于分。人人皆以攻战捍御为义务,此非朝夕之故,盖自小学校日夕磨淬之然矣。非但训兵然,凡行政之官,欲其先公后私,无一不从教育来也。觇国者观国中个人之力量如何,即可知其国之富强与否。日本人口少于德,而多于法,此二国者,国民之程度甚高,故国家之力量甚大,日本之不之及,亦教育为之。凡国富强,在造就个人之力量,使有进步,而后国家有进步,可与外人争竞而谋富强。中国之个人虽甚勤勉,而自全班观之,其力量尚薄,故国家之力量因之而弱。由此观之,根柢所在,不可不知也。”又云:“中国现时思变法者甚多,而明白通达,了然于办事次序者甚少,有志之士在下位,而欲为有益于国家之事,则先达上位,亦当相助为理,不能一概变更,独行己意。”又云:“中国现在办学堂,患在名目之太大,若立一大学堂之名,而仅教普通学问,小学校反阙如,恐为识者所笑。今之所急,在小学校与师范学校,其他或多设讲习会于下,此即开通之捷法,慎勿徒务浮大之虚名也。小学校当各就地方情形而定,师范学校之教员,则务当有造就国民之精神,故德育其最重也。中国虽讲(通)[道]德,然不能实施。孔子之道,与现在所行殊不相宜。孔子所言之道德固当服从,而孔子所为言道德之本意必当变通。若一于以圣道为教育之止境,而不求诸国文明进化之本原,则儒术当为世所诟病,而道德益晦。”又云:“中国读书,但背诵而不致思,能受动而不能发动,故从不动用其脑。今欲造成中国国民,当使读书时熟记于脑,能变化应用之,此为根柢。小学校国语自当普用官话,然目下或难,则当略就其所近,分为南北,而后长官教员时时留心转移,久之自能合国语而为一。”又云:“小学师范编书,其最要事,然教科书殊不易编,即外国书亦常有繁杂夸大之处。若编书一误,则全国受其害,益亦如之,故其事最急。至通国教科书,或不能一,则大别分为二三种亦可,因各省风气而施之。然书虽二三种,而事物名称,则不可不一。当合校雠正,乃于一省刷印而通布之,其为效最大。”又云:“体育为极重之事,各省多已行体操,然衣服必以便利为宜,当亟变通。中国自有中国之制服,非必外慕西装,如湖北之操衣是也。若地方不清洁,亦最为卫生之害,食物亦然。学校卫生,不可不讲。”谈至夜深。

庚午,晴。早,根岸氏讲物理流动电气毕,与小舟、韵笙往芝区增上寺游东京劝业场。此地漆器、木工最夥,陈设足观。内有憩所,沽茶酒,亦他处所无也。寻往弁天池眺望。将午,余自往三田町观庆应义塾。塾为福泽谕吉所设,私立学校之鼻祖也。校中分为大学部、普通部,别设普通部补习科、附属小学校、附属商业夜学校。普通部者,大学部之预备科。小学校者，名幼稚舍，普通学之预备科也。大学部分为四科，曰理财学科、法律学科、政事学科、文学科。各科以五年为毕业，其科目则第一、二年各科毕同，为经济概论、法律原理、近世史、心理学、论理学、地理学、政治史、商业地理、伦理、教育、英语、德语或法语，别(撰)[选]择科为汉文、数学、簿记，第三年以后分科。理财学科科目为经济原理、经济史、统计学、财政学、帝国宪法、社会问题、关税论，其(撰)[选]择科为外交史、货币论、银行论、民法、刑法、英商用文例、工业经济、国际公法、英米法、民事诉讼法、刑事诉讼法、商法研究会、社会学、外国贸易及运输、行政法、国际私法、德语或法语。法律学科科目为帝国宪法、民法、刑法、英米法、国际公法、经济原论、商法、刑事诉讼法、民事诉讼法、国际私法、行政法。政治学科科目为经济原理、经济史、统计学、帝国宪法、外交史、刑法、经济学史、财政学、国际公法、社会问题、关税论、社会学、行政学，其(撰)[选]择科为货币论、银行论、民法、英商用文例、工业经济、英米法、民事诉讼法、刑事诉讼法、商法研究会、外国贸易及运输、国际私法、德语或法语。凡(撰)[选]择科目，从各学生之目的自请于主任教师而许之。文学科，今因情形停止，其旧科目为修辞学、修辞演习、历史和文学、汉文学、论理学、心理学、伦理学、社会学、审美学、教育学、英米文学史、哲学史、论文演习和汉作文、法语、德语、拉丁语。凡生徒，入学金三圆，试验料金一圆。每学年授业料金三十六圆，每学年教场费一圆，体育会费金五十钱。普通部亦以五年为毕业，其学科为修身、国文、英语、日本地理、日本历史、算术、习字、图画、外国地理、东洋历史、万国史、代数、几何、博物、生理、物理、化学、三角法、体操。凡生徒，入学金三圆，试验料金五十钱。每学年授业料金二十五圆五十钱，教场、体育会费与大学部同。补习科为卒业于普通部者补习，修业一年，学资与普通部同。其学科为英语、数学、国文、理化学，每周教授二十二时。小学校，寻常一年至高等二年，共为六年，入学金三圆，每月授业料金一圆五十钱，教场费金三十五钱，体育会费金十五钱。商业夜学校，专教授简易之商业学科，修业二年，其学科为簿记、算术、英语、商用作文、商业地理、商业历史、经济和习字、商法、商业要项、实地演习、速记、实业商话。其中又别为(撰)[选]科、研究科、支那语学科。研究科修业一年，凡入学金一圆，每月授业料金一圆二十钱，教场费金三十钱，一、二级生实地演习费月金十钱。支那语科则授业料及教场费月金一圆。此校建筑甚新，高据山巅，面临海湾，波浪兼天，屋宇树木远近可见。校中有寄宿舍、自修室、寝室，俱极宽敞，卧榻甚大，且作栏焉。舍中设舍监长一名，舍监数名。普通部寄宿生每月食费、舍费、电灯费金八圆五十钱。幼稚舍则设监督及保姆，各数名，费用凡十五圆。余本持墨斋绍介书访苇原君，苇原适他出，仅览其大概，与干事某君笔谈久之，且致候苇原君而别。归后君典、璧生、庄持先后到坐，同人欲再留者四人，鸿若、养源、叔兰、慎三，议即覆电。夜，闻展堂从弟毅生衍鸾抵东京。

辛未，望，日曜，雨甚。是日广东第二次恳亲会。会于清风亭，以雨阻，故到者少。冯君进时演与师范生赠别辞，余为诸君作答。是日，有香山徐君贵与会，故檀香山商人，今弃所业来东京游学，且演说其意抱，为述檀地烧埠时情形甚悉。得展堂手信。是日地大震。

壬申，晴。是日行卒业式会于学院。嘉纳氏及山路、波多野、矢津、棚桥、佐佐木、根岸、安藤各讲师俱列席。午后一时授证书，广东十九人，江苏八人，浙江三人。嘉纳氏演告辞言：数月所学，虽未能深造，然于今日中国之教育地位则已足，诸君回国，当传播教育之法于内地云云。讲师山路、波多野以次告语，学生随演答辞。礼毕，在新筑室阶上坐。夜，置酒为燕，席次讲师等请各为土歌。刘君以通译与席，先歌，鸿若及张君采生祖薪继之，佐佐木氏又为《阳关》之曲，三矢氏亦作送别短歌，竞鼓掌大欢笑。席散，嘉纳氏布长席聚众谈话，众各以所疑质，间记嘉纳氏论民权自由之风云：救民权自由之弊，莫如遍兴普通教育。有教育之民权，自由皆出于正；无教育之民权，自由乃足为害，其患故在彼而不在此云。谈至十时，赠以《国士报》五十本。报出于造士会，嘉纳氏其会长也。是日，寄信仙洲太守及不能留之事，且云："微闻省中学务隐生阻力，不得已而多派游学，以为将来转移风气之豫备，此亦所望于执事者。然自某观之，则速成师范之名当视为破铁模，一误不可复用。其势莫如令习本科，限之三年，本科课程视师范科稍缓，而较有次序。近且更议改良，明年成绩或有可观。凡学校建始，未经屡改屡革，以臻于善，势不能骤无缺点。弘文前者之腐败，可无怪。庶几望其一悟一改耳。然此自弘文言之，其实可入之校尚多，似未可限，所不宜，当一切听其自便。清华、同文两校，所习不过日语、英文，急遽不足应用，然苟宽其期限，亦可为彼国学问入手之地。成城学校文学普通科律最严整，课程亦完备，但非官费之生，入校颇难，故执事欲大有造于粤省学事，而有所选派，于此最宜。否则苟且因循，以弘文为不易之铁案，甚无谓也。又经费一层，北洋、两湖大约每月皆给日洋四十元，除缴学费外，得以稍置图籍。且海外留学，仍一蜷伏不与彼中人士交接，则于学问之输入无益，且与闭户乡里何以异？故多用一钱，即多得一钱之益。执事，过来人，不俟赘述也。某等抵东时学费概交学院，以致刻剥太甚，用度不给。同一二十五圆之学费，而私费生之赁舍通学者缴学费外，绰有余裕，此亦可为前辙之戒。若谓学生必须有所箝制，而后能成学问，此视执事所选致者何如人，非某所敢知矣。"下略。

癸酉，晴。早，往观东京帝国大学。大学在本乡区元富上町，地凡九万九千九百七十九坪有奇，建坪一万三千八百九十一坪，旧为东京大学，分法、理、医、文四科，后兴工科，大学校及东京农林学校合并为六科，改称今名。又设大学院，以为卒业生考究蕴奥之地。凡卒业于分科者，称某学士；卒业于大学院者，称某学博士。法科大学分为法律、政治二科。法律学科科目为宪法、民法、商法、民事诉讼法、破产法、刑法、刑事诉讼法、行政法、国际公法、国际私法、法制史、比较法制史、罗马法、英吉利法、法兰西法、独逸法、法理学、经济学。政治学科科目为宪法、经济学史、经济学、经济史、财政学、统计学、国法学、政治史、政治学、行政法、国际公法、国际私法、法制史、比较法制史、法理学、民法、商法、刑法总论。修业各三年。医科人学分为医、药二科。医学科科目为解剖学、组织学、生理学、胎生学、局处解剖学、药物学、处方学、病理解剖学、诊断学、妇人科学、眼科学、绷带学、产科学、卫生学、法医学、微菌学，及以上诸学实习，又产科模型、外科手术、检眼镜实习、病理总论、内外科各论，又内外科及外来患者临床讲义，产科、小儿科、妇人科、眼科、及外来患者临床讲义，皮肤病学、微毒学、精神病学及临床讲义，修业凡四年。药学科科目为制药化学、药用植物学、植物解剖学、生药学、裁判化学、卫生化学、有机体攻究法、调剂学及分析术、药局方便用药各实习，修业为三年。工科大学分为九科。土木工学科科目为数学、应用力学、材料及构造强弱学、蒸气机关、机械学、水力机、地质学、施工法、桥梁道路测量、河海工学、铁道卫生工学、家屋构造、测地学、工艺经济学、地震学、土木行政法、意匠制图。机械工学科科目为数学、应用力学、材料及构造强弱学、蒸气及蒸气机关机械学、水力机、机械制造法、造船学、机械工学、舶用机关、电气工学、制造冶金学、火兵论、意匠制图、实地演习及特别讲义。造船学科科目为数学、应用力学、材料及构造强弱学、蒸气及蒸气机关、机械学、水力机、造船学、材料及构造强弱学、制图造船意匠及制图、舶用机关意匠及制图、机械工学、机械制造法、火兵论、工艺经济学、实地演习。造兵学科科目为数学、应用力学、材料及构造强弱学、又制图演习、蒸气及蒸气机关、机械学、火药学、小铳及火炮、水力机、冶金学、炮外弹道学、弹丸、炮架及车辆、水雷机械工学、机械制造法、电气工学、造船学、铁冶金学、射系表编设、制造冶金学、化学实验、实地演习。电气工学科科目为数学、应用力学、材料及构造强弱学、蒸气及蒸气机关、水力机、机械学、电气及磁气（又实验及测定法）、机械制图、化学实验、电信及电话、电灯及电力、发电机及电动机、电气化学、机械工学、工艺经济学、电气工学实验、意匠及制图、实地演习、特别讲义。建筑学科科目为数学、蒸气机关、材料及构造强弱学、测量地质学、应用规矩、建筑材料、家屋构造、特别建筑意匠、建筑沿革、日本建筑学、配景法、自在画、实地测量、卫生工学、装饰法、施工法、建筑条例、制造冶金学、美学、装饰画、地震学、实地演习、意匠又制图。应用化学科科目为无机化学、有机化学、化学史、应用化学、冶金学、矿物学、蒸气机关、机械学、水力机、化学分析实验、矿物识别制图、电气化学、电气工学、火药学、家屋构造、工业分析、吹管分析、试金术、试金实习、计划及制图。火药学科科目为数学、应用力学、机械学、蒸气机关、火药学、小铳及火炮、无机化学、有机化学、应用化学、水力机、化学分析、机械制图、炮外弹道学、弹丸、炮架及车辆、水雷、电气工学、制造冶金学、家屋构造、化学分析、工业分析、实地演习、意匠及制图、特别讲义。采矿及冶金学科科目为矿物学、地质学、探矿学、冶金学、测量、矿山测量、家屋构造、蒸气机关、机械学、矿物识别、化学分析、制图、铁冶金学、(撰)[选]矿学、水力机、电气工学、试金术、试金实习、吹管分析、矿床学、制造冶金学、矿山法律、冶金实验、工学实验、采矿计划、冶金计划、铁冶金计划、制图。修业各三年。文科大学分为九科。哲学科科目为哲学概论、西洋哲学史、论理学及认识论、社会学、东洋哲学(一佛教、二支那哲学)、外国语(英、法、德、中之二,下同)、东洋哲学史、心理学、伦理学、哲学、哲学演习、美学及美术史、教育学,随意科为汉文学、生理学、动物学、地质学、宗教学、社会学、人类学、精神病学、梵语、罗甸语、希腊语。国文学科科目为国语学、国文学、汉文学、哲学概论、西洋哲学史、声音学、外国语、言语学、国文学史、国史、东洋哲学、美学及美术史、教育学,随意科为支那史、史学、法制史、心理学、伦理学、西洋文学史、社会学、宗教学、论理学及认识论、梵语、支那语、朝鲜语、罗甸语、希腊语、伊太利语、露西亚语、亚伊奴语。汉学科分为经学、史学、文学,专修科科目互有不同,大较为哲学概论、西洋哲学史、东洋哲学、东洋哲学史、史学研究法、支那史、支那法制史、年代学、支那语、汉文学、声音学、史学、心理学、伦理学、论理学及认识论、美学及美术史、教育学、外国语，随意科国史、国文学、地理学、人类学、比较法制史、宗教学、社会学、言语学、西洋文学史、支那语、朝鲜语、梵语、露西亚语。国史学科科日为国史及地理、法制史、支那史、支那法制史、史学及午代学、古文书学、哲学概论、史学、教育学、外国语、国文学、汉文学、地理学、言语学、比较法制史、人类学、社会学、东洋哲学、宗教学、美学及美术史、经济学、财政学、法理学、伊大利语、和兰语、支那语、朝鲜语、亚伊奴语。史学学科科目为史学及地理学、国史、支那史及支那法制史、古文书学、年代学、哲学概论、外国语、教育学，随意科为国文学、汉文学、言语学、法制史、人类学、社会学、东洋哲学、宗教学、经济学、财政学、法理学、美学及美术史、比较法制史、罗甸语、希腊语、支那语、露西亚语、伊大利语、和兰语、朝鲜语、梵语。言语学科科目为言语学、国语学、声音学、罗甸语、希腊语、独逸语、佛兰西语、罗马语及绰托奴语比较文法、支那语、梵语、印度欧罗巴语比较文法、言语学演习、朝鲜语、教育学、人类学、哲学概论，随意科为论理学及认识论、心理学、史学、国史、支那史、社会学、东洋哲学、宗教学、国语学、英语、法兰西语、伊大利语、独逸语、和兰语、希腊语、露西亚语、亚伊奴语、马拉语、满洲语、国文学史、汉文学、西洋文学史。英文学科科目为哲学概论、西洋哲学史、英语、罗甸语、独逸语、史学、佛兰西语、东洋哲学史、声音学、罗马语及绰托奴语比较文法、美学及美术史、国文学、汉文学、西洋文学、教育学，随意科为史学、国史、支那史、论理学及认识论、心理学、社会学、人类学、言语学、印度欧罗巴语比较文法、国语学、希腊语、梵语、独逸语、佛兰西语、伊大利语、和兰语、露西亚语、国文学、汉文学、西洋文学史。独逸文学科科目为哲学概论、西洋哲学史、独逸语、罗甸语、英语、史学、佛兰西语、东洋哲学史、声音学、罗马语及绰托奴语比较文法、美学及美术史、国文学、汉文学、西洋文学史、教育学，随意科为史学、国史、支那史、论理学及认识论、心理学、社会学、人类学、言语学、印度欧罗巴语比较文法、国语学、希腊语、梵语、英语、佛兰西语、伊大利语、和兰语、露西亚语、国文学、汉文学。佛兰西文学科科目为哲学概论、西洋哲学史、佛兰西语、罗甸语、史学、东洋哲学史、声音学、罗马语及绰托奴语比较文法、英语、独[逸]语、美学及美术史、国文学、汉文学、西洋文学史、教育学，随意科为史学、国史、支那史、论理学及认识论、心理学、社会学、人类学、言语学、印度欧罗巴语比较文法、国语学、希腊语、梵语、英独伊利露语、国文学、汉文学。修业为三年。理科大学分为七科。数学科科目为微分、积分、几何学、力学、星学及最小二乘法、微分方程式论及椭圆函数论、物理学（又实验，下同）、函数论、数学演习，随意科为数学杂论、球函数、数学研究。星学科科目为微分、积分、解析几何学、力学、星学及最小二乘法、星学实验、微分方程式论及椭圆函数论、物理学、球面星学、实地星学、天体力学、天体物理学、数学演习，随意科为球函数、函数论。物理学科科目为微分、积分、解析几何学、力学、星学及最小二乘法、化学实验、物理学、微分方程式论及椭圆函数论、星学实验，随意科为球函数、函数论。化学科科目为无机化学、分析化学、化学实验、物理学、有机化学、应用化学理论及物理化学、化学平衡论，随意科为微分、积分、数学演习。动植物学科科目初二年同为普通动物学、骨骼学、动物学实验、普通植物学、植物识别及解剖实验、地质学、生理化学及实验、矿物及岩石实验、植物分类学、植物解剖及生理实验、有脊动物比较解剖、组织学及发生学实验、生理学、古生物学、临海实验，随意[科]有特别问题；第三年动物学科则实地研究、特别问题、寄生动物学、巴克天利亚学实验、人类学，植物学科则植物生理学、植物学实验、巴克天利亚学实验。地质学科科目为地质学、矿物学、岩石学、普通动物学、骨骼学、动物学实验、化学实验、岩石学实验、矿物学实验、地质巡验、古生物学、古生物学实验、晶像学、晶像学实验、植物学、植物学实验、地质学实验、地质学丛谈、地质学及矿物学研究、矿床学，随意科为物理学、地震学、人类学。修业各三年，合之农科为六分科，卒业于分科，则入大学院，修业为五年，其略如此。先观医科解剖实习场，有已剖者三，未剖者二，或男或女，皆以药水洗尸，而后奏刀。已剖者但余骨及筋，首、足之皮置机站上。导者云："此神经系病者，死后剖视，以验其病所从起焉。其未知者，以桶浸之，以待参考。"凡桶四五尸蜷其中，或有断割者，大都剖出脏腑，逐一可掬出细审。其他诸案贮人脑，脑有大小，大脑如半首，小脑如耳轮。又诸藏手足截断及破半人首，药浸之。次观别室，骷髅极众，人身骨骼本室最富，甲于他国。他耳、目、心、肺以至下体，无不割出为标本，凡二千一百余个。导者言："解剖之人，皆监狱死去无亲故者，死尸榜示无领收者，乃解之。其病理解剖室，则须家属愿解乃可也。"此阶上全身骨骼十数具，及动物骨骼与药浸者。次观病理学教室，室贮人身割出标本，以为生徒研究之地。时所陈皆人肺，大都结核破坏及呼吸不良之肺炎，因讲师近方讲肺病故也。又一室列品尤多，分为顺环器、神经系呼吸器、肿疡骨、组织、泌尿、生殖器六种。有胃癌之肝结白块，甚大。有肉荳蔻肝，起红点如天星，因血不流通之故。有紫宫石，一妇人怀此，日益长大，至于盈尺，然不伤生，割下以火烧之不烂，其坚如此。一肠结核病，剖视其肠。一脑和血模糊，云此人老年，无故忽死，验得其病已深，因平日好酒，往往大怒，故血筋一断，内结而死。一妇人卵巢生毛，验得因误食物而生，但未知所食何物，惟知其食物有此质耳，毛长至数寸，殊可怪也。一动脉瘤，瘤生于脉，血溢而死者。次观法医学教室，内列儿胎，自一月至十月皆备。一月者仅如拇指。又有双胎，有半脑胎。有大小尸蜡二，大者箕坐，肉作泥土状，云自掘取日距其死已四十年。此人身体壮实，历久不腐，为各国所难得者。一头，因头盖骨破裂而硬脑膜外出血以至死，导者某君言为父母不可击儿头，恐伤其脑，重者至死，所宜切戒云。又一脑因猛打而压下，亦此之故。其他脑髓甚多。又女子阴户十数具，皆药浸为标本。又有水尸剥下之表皮，绞杀、毒杀各颈部、心脏以考求。暗被戕杀者有脾、肺、肠等，有刀锥翦自杀之伤部，亦割出以考其伤口。寻观理科大学物理学教室，备览图书颇众，有造尺机器。观光学室，开壁窗为圆孔，以凸镜取之。更以古倭铜镜斜受光反照，见其背花纹及字于承尘，以花凿于背光面，亦浮人目，但见为平滑，此亦如月球受日光高洼之理。至印字，反其方向，又反射之故也。又有撮小镜。又显微镜，照人面盈尺。室外有弹力试验，石质十数种。观化学实验室，有水力试验器，有学生实验场，备种种硝子器及各种药性。观天秤室，观化学讲义室、器械室、人类学教室。有人种地图，按地绘种，甚精。其古今世界风俗，有古物采掘陈列，填轮、土偶之类。又有备前国所掘之陶棺，筑后国所掘之石楯。陶棺足凡十，长三尺，高尺有五，并足二尺余，甚古物也。又石器时代遗物，所次及骨、角、贝、牙各器。阶上则外国古物品，皆东亚小国为多，亦最详。其动物学本国及外国产标品凡六千余种。地质学分为五区，曰地层史、曰古生物、曰矿物、曰岩石、曰日本矿物。岩石多者数千，少亦千余。次观工科大学堂。工科每学科各有实验室，备瓦斯、蒸气、热气机关数十台，标本各品凡土木工科二百三十余种，机械工科二千四百三十余种，造船科千一百七十余种，电气工科千五百五十余种，建筑科四千七百八十余种，应用化学科三千七百六十余种，矿冶科万二千四百三十余种。其造船科有战舰模型，有断面、有半截诸式。其中机关布置，了然可见。法科、文科相近，地最少。吾国来学者，以法科为多。亦有图书馆，以供生徒之览。以日促，不能遍历。归，访毅生，且告别毅生同居数君。又钮君惕生之从女亦游学随至此。

甲戌，晴。寄信紫明叔。早，往候嘉纳氏辞行，求得往西京与大学总长木下广次君绍介书。是日同人尽出横滨，于明日附博爱丸返。独余留中，夜不寐，悄然有忧，作感怀二首，云："一勾战账一文明，血本沽回泻作声。无数骷髅添价值，有时脑力负功名。病磁指极方针误，反镜回光屈线清。我为太平歌舞哭，可怜白首恋公卿。""无计能加驽马鞭，前途如海转茫然。学于思想为元素，国与头颅两少年。天演争存公理茁，人群进化主权全。梦游第二行星去，世界开明孰后先。"是日大久保氏到话别，且赠学校规则数本。

乙亥。早往稚强等处辞行，坐汽车出横滨，将往西京，故约墨斋为通译。十一时至东同泰，访辅臣，晤其戚陈甘泉凤仪及罗君晓东，留午饭。初拟先寄遣行李，乃坐土佐丸返。已而定坐西京丸，游毕，乃启程。六时与墨斋往平沼停车场乘汽车赴西京，此驿二等客车券价六圆九十九钱，与横滨驿同。凡往京都车票，自发行日起，限五日间可以通用，定例五十里以上至百里，限期二日，百里以上每百里加一日也。一二等客车附接有食堂车，自新桥至国府津间、自沼津至马场间、自京都至神户间，此三处接续联络之。又有寝台车，赁金四圆。八时抵国府津，九时十五分抵御殿场，十时九分至沼津，十一时三十分至静冈，一时三十分至滨松，四时十五分至名古屋，六时三十分至米原，八(至)[时]十一分至马场。

卷　六

起十一月二十日，即(汤)[阳]历十二月十九号

丙子，晴。早，九时抵西京，先坐车往椹木町鸟丸西，入访金太仁策君。金太君为赤十字社正社员，今年与嘉纳氏往北京，所为巡游记，即出其手也。时方于图书馆观书，因就访之。馆为旧离宫地，短垣茂树，仿佛甚古。金太君导往，寓于日光屋旅馆。此馆极精洁，日赁金一圆七十钱，内地无此价也。午，与金太君观京都市第二高等小学校。校长田村作太郎。此校为高等小学，修业四年。凡京都市内寻常小学校六十有三，而高等凡六，俱市立。幼儿园共三四十处云。校立于明治二十年，而校舍建筑则二十五年竣工，敷地凡二千六百九十一坪，教舍凡八百五十四坪。本校有各种图，皆教师自出心裁。所画一人为与自然对照图，甚足发儿童思想也。校生千六百人，教师四十三人。其学科为修身、国语、算术、日本历史、地理、理科、图画、唱歌、体操、裁缝，其男生则随意习英语。女生置补习科，修业二年，其学科为修身、国语、算术、裁缝。授业料每人月金五十钱。田村氏导观标本室、图书室。所藏图极夥，阶上皆女生教室。观体操，太子妃之妹在焉。观作法室。作法者，学礼法仪节者也。男生有制服。此东京小学所无者。观游伎，人甚众而行列齐。操法熟，稍胜东京。操球竿，旋习歌舞，各手一舞扇，回旋作穿花舞，或结团旋走，且合声齐歌，殊乐也。校中每年经费凡一万五千三百余圆。次观开智寻常、高等小学校。此校私立，建筑形式亦颇可观。校长伴虎之助导观各室，为言："寻常生凡一百十四名，高等生六十五名，附有幼儿园，幼孩八

十五名。高等期二年，寻常四年。每年费用，小学校款二千圆，幼儿园款六百圆，并教员俸给，凡四千五百圆，亦可谓极廉也。”观幼儿园教法，时课已毕，无他可观者。观京都市第三高等小学校。此校初建时，金太君为之校长，故留客殷拳，见赠儿童成绩考查各表，格式甚多。时校长三须正太郎，适他出不见。观各教室、理科室、标本室、铳器室、运动场、植物园。植物园者，儿童学事莳种之地也。此校立于明治三十年，敷地凡二千七百九十五坪有奇，建筑约七百坪，教室居七之三，且规程有云：“女生不得妄妆红白粉，从事于发饰，专宜以轻便为宗旨，而不流于华美。”此女学生着要之语也。观京都市陶磁器试验所，此所为西京陶磁所从出，凡得外国之器，皆于此试造仿制之。视其磨机及剞线法，甚敏妙。又烧灶甚巨。别一楼置欧洲陶磁，及我国所出，陈列千数，我国磁器亦非上品，大约近于古拙，而欧西多轻巧焉。既命车，登清水寺。清水烧卖出于此。寺高据山巅，浓树环绕，左有前朝太后墓在，拾级更上，有普门阁、随崧殿。俯视山壑，绝有秀意。下山处石磴百转，不艰于步。其正殿并非筑于山，乃傍山而于平地架之，迭七层而特起，奇观也。其上盖用桧皮葺之，但造此时已需四万金云。闻二百五十年前为幕府所建，别有南园，亦皆可观。东人好佛，而幕府时之大功德于缁流者尤甚。此其一也。游公园。园亦因山为之，深林茂树，未易穷胜，其中大钟亭，有阿弥陀佛殿，皆古苔剥蚀，游人甚稀。夕阳已挂树间，但有鬻名胜图画者徘徊亭际耳。返，与金太君闲谈。西洋当千二百年前制度，全仿汉京，故名曰洛阳，今尚有一二存者也。夜，雨。

丁丑，小雨。早，与金太君、墨斋观府立高等女学校。此校立于明治五年，敷地凡四千六百四十二坪，建筑一千八百有三坪，内千一百九十一坪，有二阶地方，明洁可爱。校长河原一郎，导观历史、地理、博物各教室。裁缝室裁用衣料，均听其自携以来，不由校给。观讲堂，堂中可容八百人，中悬揭岩谷修书蒲生秀实碑，重野安译撰文。蒲生字君平，故义士，提倡尊王以成维新，明治二年下诏褒奖者也。

悬之以风励生徒，亦提倡节义之一道。观作法室，室三相连，演习献神之礼，跽拜徐行，甚庄。作法室有二，大者即此，行和礼者，一较小，为西洋作法室，置长桌，如洋食仪。观割烹实习教室、体操场。观游戏应接室，甚小，为待友之地。买物置室，外间小，使购物传于此。寝室兼自修室甚宽，约十五席六人，他率视此为增减。衣柜各一，皆同。食堂汤吞所，所中设炭炉以取暖，浴堂亦大。生徒当夏必日浴，冬则两日一浴。盥漱场兼妆处各置巾盘若镜，此上即为晒场，全地极洁，无纤尘。洗衣处必别易履乃登，无少泥滓者。集会室甚大，寄宿生日一会或数会于此，有事商议则咸集。诊察室、病室，此室专为有甚病者之用，然自立校以来，入此者不过二人耳。观舍监室，各室外皆有消火器。观音乐教室及自习室。校初为新英学校及女红场，专教授英语及和、洋女红科，至九年始名女学校，二十年乃加高等字。其初时有各种女红及裁缝、刺绣、缀织、机织、押绘、蕑彩、袋物、养蚕之诸手艺，后乃渐次废除，一意教以高等学问。其科目为本科、补习科、国语汉文专攻科、家事裁缝专攻科、裁缝科、音乐生、师范部、各种手艺部。计本科修业六年，系并豫科二年为之。补习科限一年至二年。每学年授业料为管内生金十五圆，管外生金十八圆。专攻科授业料金二十圆。裁缝科管内生金十二圆，管外生金十五圆。现在生徒凡八百六十人，教员共五十人。校中经费每年金二万一千四百余圆。河源氏赠生徒图画成绩品甚多。返，过故宫，金太(氏)[君]驻车指示，素垣迤逦，宫门严闭，疏风入林，红叶自落，又一佳景观。京都府师范学校校地甚广，无女子师范之设，故于此设女子部，又有附属小学校及幼儿园，其农业实习地亦甚广。计全地万六千五百六十一坪，建坪共四千一百五十七坪，自明治九年创立，讫三十四年始筑成。校长柴崎铁吉。适有悉教谕二股卓尔君导观幼儿园。至保姆室少坐，前为附添人控室，此外保育室凡三。观其教时说古事使听，盖教以敬神等事云。室中三保姆，其余师范生随同襄助之。园建于昨年四月，尚有花园未就，他园率距此路远，故将来人必众也。现在幼孩凡七十二人。观小学校。校主事为片山环，导观男女教生室、生徒溜所。此地兼游戏之用，后通讲堂，别男生溜室。观球竿操，二股氏指为首一生云："此习剑击术者，极肥壮，其有效如此。"凡阴天在雨中操场，则悬赤旗，晴天当在外，则悬白旗，使生徒知号令而群赴听操也。场中设涂板，每日书关于儿童必知之大事，如政府外国之政治交涉，及本府本校之近录，皆使周知，此亦有助于阅报之事也。学科悉如通则，其学级编制，则寻常编七级，定员三百四十名，高等编六级，定员一百六十名。观寻常二年生教作字，寻常一年生教修身，寻常三四年女生裁缝。虽所缝不皆同式，亦并联缀也。寻常三四年男生教国语。自寻常三年后始分男女，而三四年人少，合一室焉。此校于仪式细目备极明细，他日当全译之，以遗兴小学者。记其讲堂，中镌校训五条，云：第一，吾等当铭记为大日本帝国臣民之事；第二，吾等当以诚实为宗旨，勇气而行事；第三，吾等对于人当以敬爱，而为有益公共之事；第四，吾等当强健此善勉善动之心与体；第五，吾等当图为最上等人，以立身而成事。五训中，于德育尤为致意，学校固不可无此也。观本校及女子部，学科为修身、教育、国语、汉文、历史、地理、数学、物理、化学、博物、习字、图画、音乐、体操、外国语、农业、商业、手工，女子部学科为修身、教育、国语、汉文、历史、地理、数学、理科、家事、习字、图画、音乐、体操。本校修业四年，女子部三年。别设简易科，限于男生，专为寻常小学校教员急需之用。其学科为修身、教育、国语、汉文、历史、地理、数学、理科、习字、图[画]、音乐、体操，修业限二年四个月。凡正课外之修业，又有二种，第一类为参观旅行、修学旅行、射击各旅行，皆于学期末〈年〉行之，其日数大约男生十四日，女生三日。射击又分狭窄射击，各年行之；实弹射击，三四年课之，皆限男生。第二类为副科作业、水术演习、旅行、随意运动及其他关于训练之事。副科男生课以剑法、柔道两种，女生课以庭球、弓技及长刀，且时时竞技。水术演习分为游泳术、操艇术二种，课男生，女生则或课之。旅行有行军及远足二种。校中定员男生三百二十人，女生六十人。现女生凡六十四人，盖过之矣。见教谕增泽长吉，导先观女子部，乃观本部。观舍监事务室、阅览室、寝室及自修室。室五人或六人，室中学插花，短案甚洁。室长一人，由学生资格最高者为之。观音乐练习室、裁缝室、作法室、盥漱室。室右略高，为妆台。女生教室凡三，有休养室，为将病者设。音乐室、图画室、历史参考室、标品室。室外涂板大书近日时事，以资考。又历史教室亦用高低层案，以便看地图云。观手工教室，桌四人，大都木工，别有模泥案，则泥匠事也。物理机械等化学药品室及实验室、教室、博物教室及标品室、农业参考室、柔道教室、展览室、诊察室、乐室、吃烟室。商人溜，为商人持物来购地。男生食堂，教师亦同食也。观柔术及剑术。时已午，二股氏留饭，为试其学堂中食。人一鱼羹，副以海苔，常日率如此，今日特加一篮团饭，加鱼菜如粽子冷食之，亦新味也。已，增泽氏请观女师范生舞踏。午后，去观京都帝国大学，访总长木下广次不遇，访图书馆长岛文次郎，亦他出，书记笹冈民次郎导观书藏。并阶上以新构壁尚未满，已值金十万元以外，其中汉士书最众，西书略少。另贮杂志，即月报、旬报之属，凡二百七十种。其阅书处光明宽敞，远胜东京帝国图书馆，然要是阅者人少之故耳。此馆自建立以后，陕西阎君培棠甘树始至，以至挚甫先生，余盖第三人矣。西京商务不通，纵游两日，无吾国人足迹，游者殊寥寥也。然西人至者则颇众，大学规模甚新，而其中一切，未得完备。自明治三十年始立，分为法科、医科、理工科大学院，医科最大最完备，理工科则尚多未完竣建筑之处，为日浅也。地凡九万四千六百二十九坪，建筑凡九千百三十九坪，今所未竣事者尚二千余坪。观法科大学。法科分为法律学科目、政治学科目，与东京悉同，惟年限最短四年，久有至八年者。本科之外，置演习科，为国法、刑法、私法、民事诉讼法、国际法、经济学六科。现学长为法学博士织田万，学生生徒凡一百七十二人。诸教室皆极精美，式仿欧西，校前对比叡山，半为云封，高峭特绝，名地也。观理工科大学。此科分为数学科、物理学科、纯正化学科、制造化学科、土木工学科、机械工学科、电气工学科、采矿冶金学科。数学、物理学与东京理科科目同，惟所授之目有先后，又易微分方程式论及椭圆函数论为数学解析，且有特别讲义。纯正化学科则微与东京理科之化学科异，学科为数学、物理学、实习分析学、分析实习、有机化学、无机化学、制造化学、冶金学、矿物学、化学理论、化学实习、有机体攻究法、矿物识别、吹管分析、试金实习、化学攻究实习、试金术讲义、特别讲义。制造化学科亦与东京工科之应用化学不同，其科目为分析术、分析实习、有机化学、制造化学、电气化学、蒸气机关、水力学、唧筒及水学、发动机制图、机械学、冶金学、工艺经济、矿物学、化学理论、工业分析实习、工场设计制图、矿物识别、吹管分析、家屋构造、火药取扱法、工场整理、制造器械学、制造化学实验、试金实习。土木工学科目同东京机械工学，科目则为蒸汽舶用、工场用诸机械制造法、机械学、运动学及力学图式、力学材料及构造强弱学、数学、水力学、唧筒及水力、发动机机械设计法、意匠制图及实验、机关车舶用机关、机械运动学及力学、复动蒸汽机关制造、冶金学、发电机及电动机、水力机、起重机、热学热气、瓦斯及石油机关、纺绩及织物工场建筑法、工艺经济学、实地演习、意匠制图及实验特别讲义。电气工学科、采铁冶金学科亦与东京科目相同，惟矿冶尚多道路一项，而铁冶金学不别为一门。以上每科皆三年毕业。现学长为工学博士、理学士中泽岩太，学生生徒二百十八人。观化学各科教室、工学制图室、电气工学实验场，此外又有木工场、机械工场、铸造工场、锻工场、暖房汽罐室、瓦斯制造所。惜日促，不及详视。出，观医科大学。此处不设药学科，本科课目全同东[京]，学期次序皆同，但有齿科学，又耳鼻咽喉学及讲义，修业至少亦四年，多者八年。其习一科之专修生，则限一年。别设附属医院，在上京区圣护院町、吉田町之间。内别为内科、外科、妇人科、产科、眼科、皮肤病、霉毒科、小儿科，设看护妇。见习讲习科期限为十阅月，其科目一看护妇心得，二解剖学大意，三生理学大意，四绷带学大意，五医疗器械学大意，六病室整理法，七药饵用法，八重病患者看护法，附溺死及死后之处置，九传染病患者看护法，十精神病患者看护法，十一小儿病看护法，十二急救疗法，十三手术介补，十四防腐及制腐法，十五患者运搬法，十六各种看护法，十七实习讲习。生选年十八至三十五之女子为之。医科大学长为医学博士坪井次郎，学生生徒凡八十一人。助教授加门桂大郎导观各研究室、实验室、教授室、药品室、阶上机械室、天秤室。有五千倍之显微镜，为最新式云。有室素定量器，有各细菌显大图形，大如人掌，小如荸荠。又有虎列拉病毒显大之图。观实验室，列解剖动物之器械凡数百事，人身、手、足、心脏标本，除皮肉外，无一不备。人首正断、横断各式，又妇人下部破半式，舌吐出四寸许长，皆药瓶藏之。加门指一牙痛之凿破颌骨为言："牙痛因神经病痛，不在牙也。"又云："此种模型东京下谷区山越长七者有之，函至可购。"余谨志之。观解剖教室，坐位亦层累益高，中设解分剖案，则可旋转进退者。观解剖实习学室，中地甚光洁，凡廿四桌，陈列已剐之躯骨，同时各从事。观其挑取筋脉，辨别神经，乃以小刀割出其肉，甚瘁也。观组织实习室，既剖之尸置此，学生各以显微镜观察之。观器机室、图书室。凡关于解剖学之书悉备。观学生温习室，有半身模型甚多，或正破，或横断，或半剥皮，或半剥皮而剐其肉，或上半断，或下半断，皆大观，在东京时所未见也。医科地极多，不可遍历。返，游武德殿，旁为安平神社，祀日本初达京都之帝，朱碧崭新，庙貌俱古。京都名胜无他可观者，但寺观耳。晚，邀金太君饭，既而偕行，游街市。市大段分二条至七条等桥，所居近二条地。夜中御旅町、新谷町最热闹，场有劝商场三二，不甚大。观京都陈列馆，颇宏敞可观，然视东京远矣。二条桥外妓馆数百，门外皆悬八角玻璃灯，书其姓，或书某楼、某屋字，朱印甲字，乃个中之上等者。京都妓有甲、乙二部之分云。由三条桥归，听店主人女鼓琴，女方在高等女学校，娟好知礼，为吾国馆人愧之也。

戊寅，日曜。早，金太君到，送别，出京都停车场。金太君更遣童子导观本愿寺。寺规模绝大，而无一切园囿藻饰之具。廓场甚大，后为寺务所，树颇荣茂。九时五十分，乘汽车赴大阪，十时五十分至车中，得杂诗二首，云："芳草无言隐故宫，乳鸦飞去夕阳红。疏林有客停车语，殿阁犹留上国风。""琵琶湖外导晴川，波影侵寒上画船。外史倘增沟洫志，利民第一使君贤。"既以纪所见闻，亦为西京留一纪念也。到大阪，先命车访尼野源二郎，不遇，旋访天王寺中学校长福井彦次郎。福井氏亦名教育家，为学苦勤，年未五十，须发皤然矣。今书记丸山善君导观校中各地，为博物标本室及教室。凡室不得矮在十一尺以内，此室仅适，而光线太多，不合程法。教室多洁，盖生徒轮值扫之也。观铳器室，列士那伊多尔铳、贞那尔铳甚众。凡三年以上生，皆习陆军，盖中学校之制然。观雨中体操场，兼为剑击之地，榜名振武馆，外为器械体操场，兼测候所。观柔道教室、药品室、化学室。遥望天王寺。寺为佛教最有名之地，故以名校。(效)[校]中生徒每年皆有撮影。又合二府十六县学生凡六千余人，为大会兵式，步伐甚可观。用陆军式教生徒，故一切务其讲堂及奉安室亦行最简便之礼，但以特待生司之。食堂极整齐，生徒皆次番号而坐，中设监督房以督之。观习字教室。室末设水管，下置欹器，为洗砚之用。观图画室。丸山云："图画不宜于西北光线，故用东南。"余于东京时观中学校最少，故于此颇留心。福井氏复赠学期成绩表、教员生徒出欠席表各式。其累年成绩表列各学科之分数，曰修身，曰国语及汉文，曰英语，曰历史地理，曰数学，曰博物，曰物理及化学，曰法制及经济，曰图画，曰唱歌，曰体操，而后(衡)[横]列之格曰合计，曰平均，曰学业顺次。自第五年生以至第一年生曰出席日数，曰缺席日数，曰迟参度数，曰早退度数，曰停学日数，曰行状，曰席次，曰及落记及格与否，曰体格，曰所属区域，曰前修学所，曰族籍，曰姓名，曰年岁，曰生月，然后上注以特待生、受褒生、在勤生，以标异之。其出欠席及迟早表例，缺席用方孔一斜画为记，迟参用方孔一交画为记，学生褒状曰褒，皆勤曰皆，行状之劣者四等，曰最，曰甚，曰劣，曰稍，此凡例之一(班)[斑]也。校中授业料为两种征收之法，一有住所于大阪府管内者，或其子弟市部，则每年纳十八圆，郡部十六圆；二无住所者，市部、郡部俱二十四圆。教员伊藤介夫者，名和，以字行，号恭斋，深于汉学，慕汉人，故与余笔谈久之。校中教员二十六人，生徒近六百名。福井氏令伊藤、丸山两君陪往观大阪府师范学校，在天王寺南河崛町，立于明治八年，即旧之教员传习所也。学中为师范学科，为甲、乙、丙三种之小学教员。讲习科又附属小学校，教员凡校长一人，教谕十六人，助教谕五人，训导十三人，书记五人，又医员一人，柔术、击剑教员各一人。附属小学校主事及舍监皆以教谕兼之。生徒定员三百二十名。讲习科甲种四十名，乙种四十名，丙种四十名。小学校定员五百七十名。所谓讲习科者，每学年中开设之甲种每一年七回，乙种一回，丙种二回。甲种者，讲习为市町村立小学校正教员，期限五周日，自教育原理、教授法、学校管理法、教育史、教育法令之外，即于小学教科目中习之，每回以四十名为定员，郡市长荐而知事命之，在学给与金三圆。乙种者，专讲习寻常小学校本科正教员之学科，如修身、教育、国语、汉文、历史、地理、数学、理科、习字、图画、音乐、体操，以一年为毕业，在学每月给与金四圆。丙种者，专讲习寻常小学校准教员之学科，如修身、教育、国语、算术、历史、地理、理科、图画、音乐、体操，以五阅月为毕业，在学给与金三圆。此讲习科大概也。日本师范学校，闻以此为冠。讲堂极严肃美丽。观手工教室，四人一桌，桌厚三寸许，木工、铁工同习其旁，附成绩室，置生徒所制品焉。观音乐教室、音乐练习室，琴四，与他独习者有异。有扫除道具置场，帚皆有架，每水曜日则行扫洗。观修身教室。余诘修身所以设特别室之故，乃云："他室但容四十人，课修身者，同时有八十人，故别室，非有异也。"观会议室、地理历史教室、标品室、化学实验室、雨中操场、食堂、浴室。池以木窖，地极得法。寝室每室八人，有床，依陆军之制也。观应接所、诊察室。各种药瓶粗备。病室人连床而卧，此大失，易沾染不良之气息，虽病人不满，然自立法之不善也。阅报室以十二方桌合为一大桌，视他校室甚宽。其附属小学科有寻常、高等小学科。寻常学科为修身、国语、算术、体操、图书、唱歌，女儿加裁缝；高等学科为修身、国语、算术、日本历史、地理、理科、图画、唱歌、体操，女儿加裁缝，男儿加英语。修业各四年。寻常授业料不征收，高等每月授业料金二十五钱。本校第四学年之生徒实修授业者称练习生，练习有二种，其由担任训导之指挥或属于学级者曰级属练习，否则曰特别练习。特别又分二种，甲种职员及练习生一同列席者，乙种以一部之职员及练习生而为之者，盖皆以教授管理之法，专为级属练习之补遗，故特别设此，与职员参观批评之也。观女子师范学校。校在南区天王寺北之山，及小宫本师范学校之女子部，明治三十三年始分置开校，日本全国女子师范学校之设，以此为最先云。校长大村芳树，适不在。地理历史教谕兼舍监村濑美子导观讲堂、音乐室、寝室。室兼自修，大率甚宽，有六十四席容十二人者。村濑氏以天色晚，约明日更来。时小雨，回车，介夫坚请纡道访其庐。至其家，出酒饵相奉甚殷。余为勉尽一觞乃去。介夫年七十矣，白发豁齿，俨然老儒，主任修身伦理之学，东方汉学者，此其晨星矣。丸山送至客馆，因留之饭。馆在南区大和町名岸泽旅馆地，不如日光屋，价亦杀。丸山谈达夜，言大阪工商之盛，凡日本所有工艺商品，无一不发源于此云。市中分东西南北四区，地之雅胜，则当以川口为最。是日见天王寺南一武帝庙，有庙联，为今上纪元甲申所刻，下书南邑陆柳堂书，物罕见奇，为之咄咄，此大类吾乡古迹，疑维新前故物也。

己卯，微雨。早，闻森本清藏君同寓，往与之谈。森本为东京高等师范学校附属小学校长，今任大阪府师范学校长，昨不在校，故未见。特走候之，约再过从，且允为绍介。与墨斋观清水谷高等女学校。校立于明治三十三年，敷地凡四千六百八十六坪，建筑八百八十八坪，每年经费万六千二百六十一圆有奇，教员二十八人，生徒现三百六十三人。校至昨年乃建就，旧本市立，今为府立。学科分为本科、技艺专修科。本科科目为修身、国语、历史、地理、数学、理科、图画、家事、裁缝、音乐、体操，又随意课外国语，不习外国语者，各于其时间课裁缝，以四年为毕业。技艺分为三部，曰裁缝，曰刺绣，曰造花，修业各三年。各科皆课修身、国语、数学、图画、家事、音乐、体操，而裁缝部则每周课裁缝十八时，刺绣二时；刺绣部则每周课刺绣十四时，裁缝六时；造花部则每周课造花十四时，裁缝六时。凡授业料，有住所于大阪府管内者，或其子弟，计本科十二圆，专修科九圆；其否者计本科十八圆，专修科十二圆，特待生则减免一年之授业料，约于在学生徒百分之二选之。校长大村忠二郎，导观器械标本室、体操室、音乐教室、裁缝教室。室十二席，分六行，半为本科生，半技艺科也。刺绣部尚无学者。观图画教室、造花教室及成绩品作法室、割烹室。作法室之一隅，小室习西洋礼云。讲堂可坐五百人以上。大村氏言："女学不兴，于教育有大碍之点。"余告以中国习俗，男女之界，猝不能破。今女学未能即兴，譬若先从事小学，使小女子无不入小学，而后高等以上学校，徐徐议之如何？大村以为可。又言："女学日本甚多，而此校独见称美者，有二特色可言。其一衣服。日本妇女裾囊背裹，累垂前后，最不便于作事，有识疚病，以为亟须改良。今已一律更易，略如西式，窄袖皮靴，体操尤便，全校既更此制，他日由此滥觞，普及全国，为女子改良衣袂之先导，可预决也。其二割烹。国人攻苦食淡，嗜好与各国不同，然实烹饪之际，有未讲求，故至于此。校中注重割烹一科，且习为西洋料理，务善研究调味之法，每周必有实验，分别而品评之，割烹教室即与作法室相连，且亦使之习馈献之礼也。"因请观体操。其学生果能窄袖长裙，视他校以带束裾者大异。普通体操与游戏同时杂作，或四人交手作蝶旋，或四人背手作商羊舞，或回旋作蚁游。余亟赞其衣袖之便。大村氏更约明午试其割烹。余辞不获，诺之。大村氏又指壁上列诸表云乃本校之特色，将于明岁献之博览会。计宗教信仰心表，设为问答三：曰各自信从何教，曰人死则灵魂如何，曰神佛如何而灵能。伦理思想表设为问答十：曰女子最必要之德义，曰女子最不德之思，曰女子质性最大之长处，曰女子质性最大之缺点，曰女子最当勉之事业，曰女子最适当应为之事，曰女子最幸福之事，曰女子最不幸之事，曰世间最可赏赞之行，曰世间最可摈斥之事。分种别类，依四年级而列之，大抵多一年则其思想又变。余以此等启发思想之法，洵可为校中特色，钦佩不已。又有父母有无与学业成绩相关表、生徒嗜好学科比较表、生徒统计表、大阪妇人上下等社会言叶表。又雕板为裁缝之用，各依裁翦之形，以为教，亦将以出之博览会，皆可观也。辞去，道访凡山君，复访森本君，更导观小学校，教习字作文法。校凡五百八十人。复观女子师范学校，见幼儿园保育室、保姆室、附添人控室、恩物室。此园定员，幼儿凡九十名，编为三组，教以游戏、唱歌、谈话、手技，每周计二十四时，每月保育料金二十钱。次观小学校，每教室有师范生三人教之。观音乐室、体操场。儿童定员凡二百八十名，编为高等二学级、寻常四学级，科目与师范学校同。寻常授业料不征收，高等则月金二十五钱。幼稚游戏场中有兵士与看护妇图，折迭纸片为之，颇具巧心。观本科各教室，惟图画室作重门形，取便教师。余以为光线不合，颇不然之。校又设讲习科，专以为寻常小学准教员之预备，兼授幼儿园幼儿保育之方法，定员凡四十名，编制为一学级，科目为修身、教育、国语、算术、历史、地理、理科、图画、音乐、体操，每年开设二回，以五月为卒业。凡在高等小学卒业，年龄满十五岁至二十五岁者，可应募入之，盖师范学校之丙种，所谓速成师范也。次往观大阪府立农学校，访校长井原百介。此校为甲种农学校之程度，专以教授学理与实业者，设于明治二十一年，置农科及兽医科，定员合二百名，现有一百八十八人，经费每年金二万五千九百七十七圆，收入金四万有五圆，用地凡一千二百六十七亩，建物凡一千六百六坪，教员凡十七人。农科科目为修身、读书与作文、数学、物理、化学、博物、土壤、农具、肥料、作物园艺、作物病虫害、农产制造、养蚕、畜产、经济、气候、林学大意、兽医学大意、外国语、法规、簿记、图画、体操，凡二十三科，实习无定时，第三年则课以分析或养蚕。兽医科科目为修身、读书与作文、数学、物理、化学、博物、解剖及组织生理、寄生动物、药物及调剂、内科总论、蹄铁及蹄病、外科、眼科、疫论、畜产、病体剖检、家畜卫生、产科、乳肉检查法、农事大意、气候、法规、外国语、图画、体操,凡二十五科,实习无定时,修业皆三年。生徒授业料每学年金九圆。专攻科者,农科或兽医科之卒业生,更专攻数科目或一科目,为专攻生,其修业年限在一年以内,不收其授业料。别科者,于农科及兽医科各置之,依简易之方法,教以当业者必要之事项,其科目则农科为土壤、肥料、作物、畜产、养蚕、病虫害六项,兽医科为解剖、生理、药物、畜产、内外科、蹄铁六项,亦依地方情形得酌省之。井原氏导观细菌实习室,有各有毒之兽肉及蒸验之机。观药室、病室,有牛豚胎儿及疽患结核诸病,有诊察兽病之案。观各种标本室,有各国倒兽之法,图有各种蚕茧、各种茶叶、各种谷麦、各种害虫。有(蜉)[孵]卵器,置卵于中温处,乃以灯暖之,上有验温管,尖针以试温气,热力过度则浮起,空气随入而灯为之小,务使与鸡儿温度同。又有育鸡器,法亦良善。此处藏各种益虫、害虫甚多,皆学生所采集也。有蚕种贮藏器、消毒器、卷系器,又化学化合品,分列各瓶,皆大阪硫曹株式会社所出。一种桑叶有毒,目不能见,然往往收成辄少,因以显微镜细察得之,仅毫毛小点耳。观果园、牛圈、马圄、羊猪栏、鸡栅、鹅鸭池、蹄铁实习场、兽病院解剖场,观剖焉。此皆实习之地。计农科实地练习分为四种,曰植物之栽培,曰动物之饲养及管理,曰农产制造,曰农场管理,而农场又分为三,曰生徒担当农场,曰试作农场,曰普通农场。现担当地合水田、陆田、桑园凡五百九十一亩有奇,分为十区,而定各年级生徒为十组,以一组任一区地。兽医科实习则依年级而定其科目,第一年为骨学、韧带及筋肉学、家畜家禽管理饲养法、实习用显微镜而研究健体之组织,第二年为脉管及神经学、组织学、制药及调剂、蹄铁、外科手术、家畜家禽管理饲养法,第三年为病体解剖、乳肉检查法、细菌学、病院实习及临床讲义、外诊、外科手术、采痘法、蹄铁实习、第四师团轻重兵营治疗参观、繁殖法、记事登录。凡解剖,率以马为最多。本年计剖牛三头,实习十八日;马十九头,实习一百有八日;山羊三头,十二日;豚一头,四日；犬十头，十五日；猫三头，九日。皆健体解剖，病体者不过三十余头耳。观菜地及农田，田畦一望无际，皆学生担任地，每年于此考验成绩，且验各种新法。如堆肥施肥试验区，别先画田为三区，区各十步，第一区施与堆肥后播种子，而于其上覆土；第二区采种子后于其上施堆肥，而后覆土；第三区播种后覆土，而再于其上施堆肥，此三法不同，既而第一区七日而发芽，二百十日而成熟，收获一石零六升八合，秆重百五十四贯有奇；第二区八日而发芽，第二百日而成熟，收获九十二升一合，秆重百二十一贯；第三区七日发芽，二百一日而成熟，收获一石一斗三升一合，秆重百五十三贯，由此可知获多而熟速之法也。又如施于稞麦之三要素，各为试验，以查核其适量。三要素者，谓窒素、磷酸、加里也。无窒素者、有窒素自五百目至三贯者，无磷酸者、有磷酸自五百目至二贯五百目者，无加里者、有加里自五百目至二贯五百目者，但窒素者、但磷酸者、但加里者、无肥料者，凡分为二十三区，各区五日而发芽，百六十日而收获，乃其收量则三要素愈多者，容量愈广，各区施窒素、磷酸、加里二贯目至二贯五百目者，所收之容量、重量最盛，由此可知肥料配合之法也。井原氏为余言："农学不可不急讲，宜派人游学于此。"余深然其议。将归，与同志言之。返，将往商业学校，而日暮途远，命车夫回览名胜。观眺望阁，观日本水族馆。其中江河湖海各种鳞介略备，皆自壁上观，与浅草水族馆仿佛。此处有日本桥，与东京同名，而风景亦绝相类。既而停车，观第五回内国博览会场地。此地极大，约十万坪以外，左右皆设事务所，置职员司理其事。馆舍新建，皆涂白垩，建筑约万二千余坪。闻此等会数年一开，由国家出资建设，专以鼓励商业为主，前三次在东京，一次在京都，此其第五回也。晌后，往川口访孙君实甫淦，孙为宁波人，商此，为招待留学之东道，为言："大阪华商约二三百人，而粤商较少，有大清三江公所及大清北商业会馆，岁时聚会此间，乐甚也。"地绝胜，一河通三汉，绿波深深，石桥俯瞰，小船出入，游人甚盛，屋宇参差，树木环植，皆有维新气象，视横滨海岸，不知孰为优劣也。夜，纵游街市，心斋桥通町最为热闹，剧场极众，有大阪商品馆，陈列亦夥。此处光明如昼，小小吴服店亦然，电灯六七，殊可爱也。过此，即妓馆，所聚琵琶之声，嘈嘈错杂，殊聒人耳。既而归，尼野源二郎到访，并其友人深濑茂吉，促膝谈久之，尼野以他出自咎，闻余明日将适神户，甚以为怅。因约明日往观各工场。

庚辰，晴。早起，以书别介夫，且赠以二诗，云："不作平原十日游，匆匆过客等浮沤。虚心师竹情无限，浪迹如萍兴未休。太息神州欢燕雀，幸存先路导骅骝。何时重订论文约，天未凉风一叶舟。""冒雨停车德访门，高风遥挹笑言温。怀人方判西京袂，爱客重开北海樽。沪渎想留前度梦，瀛环今识大和魂。旧游倘欲寻鸿爪，扫径当迎长者轩。"前诗道来游之踪，后诗谢爱宾之谊，且以视福井、丸山诸君也。发信与紫明叔，且寄粤信。饔后，命车赴大村忠二郎之约。大村甚喜，因论女学，言："本校以养成贤妻贤母为目的，所教高等之学问。校中卒业生程度视师范学校为高，但少其教小学一科耳。专修科三，亦有养成教人之资格，然非师范本旨也。"又言："事莫大于教育，教育莫急于家庭，家庭莫重于母教，故女学不可不亟也。文部省定制，每府县至少须有高等女学校一所，多者或三四焉。大阪府中高等女学凡四，其二府立，其二市立。各地方男子欲求高等学问，可入东京，女子则多有不便者，故此种学校程度较高。"又言："东京高等以上诸学甚善，而中学以下，则地方之规制为胜，法既美备，地最干洁，又无东京骄傲之气习，以后宜劝留学者至地方诸校，当大胜也。"又言："女子体育极要，关系于生育甚大。古人禁其高声，禁其出行，最为谬论。吾意当顺其精神，使畅其性，则体育得矣。日本女学现在方际新旧交争之时代，尚有涂脂粉饰衣袖，不愿运动，以文弱其身者，可谓大惑不解也。"余告以中国女子羞缩之习，萎削已久，欲振倡之，固在本原，不在盛气。近有倡废三纲，好为激论以惊俗者，恐不足救流弊而益以生祸，是当思所以徐救之也。大村氏言："贵国主教皆无形之学问，言废三纲者，固非平情，然变法当于有形处致人人之信，不宜以虚空之理论滋人之惑，而生疑谤也。如体操、如医学，皆效之显然者。日本初变法之时，民间排斥西学，猝不易晓，亦以医学为最初之起点耳。东洋之学问远不如西洋者，西洋之学问务实而东洋之文字皆虚。西人尝言文字虽极工饰，何补实用，辞取其达而已。故今方务为言文一致之学，他日著书者，当以口语成之，更无所谓文章语也。”因出观美国小学校各照相，得睹其体操、唱歌诸式及动、植、矿物采集之法。盖欲诸学入孩童脑筋，莫如入山林实习，教历史者，莫如引之铜像之下，皆此理也。余复言：“我国女子缠足者，殆居其半。此数年间，将兴学堂，注意体育，则此年龄合格之女子，将悉禁之入学乎？抑尽使之解缠乎？禁之既非教育善遍之心，解之又有体操不良之患，若别为一班，听其于体育上有缺点，又嫌于参差不齐。且兴办学堂，当与禁缠足相辅而行乎？抑各自一事之为便乎？”大村氏沈吟久之，言：“此事极难，非仓卒所及，当徐思之也。”将午，导入厨观烹饪。生徒定为主妇一人，庖丁四人，烹物四人，扫除二人，司饭三人，给仕二人，人分任一事，盖拾阄定之者。一男教师，又一媪随时指示之。每实习，于教室讲解一时，更在厨二时而毕云。既为主妇者是石良龟，具楮请客就食，诸女各以馔进，陈献甚恭。余甚不安，大村言：“吴挚甫京卿至此，曾留之午餐，京卿大称善，然彼时草草，视今日实不逮也。”余初疑其仿西餐，当用西洋料理专书，后乃知其不然，皆意想为之耳。大村言：“馔中之面与饭等，可谓和、汉、洋三者皆备。”余笑而谢之。主妇复请批评，且致谦词。余谢其厚意，乃去。回旅馆，约深濑君往观高等商业学校。此校为大阪市立，附私立关西商工学校。校长年沼淑郎，导观甲科、乙科各教室。观讲堂，用西式，院宇清洁。校地方无多，有二阶。方教清国语，因立观之。教师梁直臣，直隶人也。东人学我国语，俱学北音，而卒不易，正如此。观商品室，罗列甚当，大约以烟草、布帛、漆器为最多。商学科目皆以外国语为最要点，余俱东京所已见者，不更详。时微雨，尚欲往观北野中学校东区第一高等小学校，而日已不足，遂往观摄津纺绩株式会社。社长为竹尾治右卫门，此日本织丝第一工场也。社在南区本津川町，地二万五千二百四十四坪。工场皆用洋式炼瓦造，凡三千七百五十二坪，计资本金一百万圆，分为二万株，株主凡二百八十七人。又别为新株二万株，株主二百四十二人。年中经费，计收入制丝各项金二百三十万五千余圆，支出购原绵及种种经费二百十九万八千余圆，赢余盖十万七千圆之数，诚大公司也。先入工务室，令人导观。场外皆设机器、水管，有水镢室，有电灯室。绵分数种，有所谓惠托捧绵者，有所谓特别绵者。碎绵机器以水作软帘，运入而搅碎之，碎后由汽管运入机中压之，卷成薄布。又一机磨之，碎如烟。又入管中，复成条。此外又有梳绵柚线各机甚众。计男女工人凡五万人。场中所用器械，有英国制链古五万二千九百十二锤并纺绩器械一式，又英国制汽机汽罐三组并附属品一式，又英国制他衣他自动消火器一式，又英国制自动消火器一式，并尼亚德拉伊他式四重动专卖蒸气唧筒，又英国制沙巴硼式单筒竖形蒸气唧筒一式，又英又米国制发电机三组并附属品一式，其他水滤、汽罐各等共值金六十一万九千二百九十余圆，别精粗纺机尚不在内。场中所用绵皆自中国、孟买来者也。夜五时七分，坐汽车往三之宫。二等车金六十钱。抵同文学校，访陈君秀峰，宿此。校中设有书藏，陈设各籍生徒所课文字张之壁，女生鲍翠华等最其翘楚，皆斐然可观。

辛巳，晴。早六时即起，趁汽车回横滨。车中遇东人冈正一君，为东京三省堂书肆主人，能诗，以所作在玉川源头赏红叶时见示，云："红叶白云蘸绿波，闲吟又有鸟声和。都门沈醉訾弦客，知否玉江秋色多。"余亟赏之。冈君甚喜，见赠书一种，且以近和吴君启孙作求订，余为点定数字，冈君欣然即成一绝相赠，有"相逢莫恨语难通"句。东人赋诗体格绝卑，与相酬和亦不得不敛才就范。余因答以两绝，次和其韵云："传语惟凭尺楮通，雅人佳趣古今同。日长最好消岑寂，身在千岩万树中。""东南大陆古交通，况乃神灵统系同。寄话此邦人士道，风潮今注太洋中。"纪此以志一时雅事。然东人往往能汉诗，而独不能作汉语，殊不可解也。夜，抵平沼驿，命腕车至东同泰，已九时三十分矣。留宿。

壬午，船已定西京丸，而是早乃知其缓一日乃出帆，与甘泉往观大同学校及大同女学校。校设于光绪二十四年，为旅此商人所手创，而商横者粤人为多，故入此者皆粤子弟也。学科分为高等、寻常两科。高等修业四年，其科目为修身、读本、史学、地理、英文、日文、理科、文学、算学、写字、绘图、体操、唱歌；寻常[修]业三年，其科目为修身、读本、理科、文学、算学、写字、绘图、体操、唱歌，合七年级为七班，其学金科各不同。高等科兼习英文者，金年三十圆，兼日文者，年金二十元；寻常科专习中文年二十元，或有专习英文、专习日文者亦与高等科，而兼习者各相等。别有夜学一门，学英文者月金一圆五角，学日文者亦然。其楮笔墨书，悉使自办。寄宿者月收膳费七元，馆费二元。校中自值理评议员以外，设中文教习四人，英文教习三人，日文教习一人，体操教习一人。现生徒凡百二十余人。女学校即同巷而别为门出入，生徒共二十余人，女教习一人担任之。亦分为高等四年、寻常三年，其科目为修身、读本、史学、地理、理科、算学、文学、写字、绘图、手工、体操、唱歌，寻常生则无史学、地理，余悉同。两校年中支出费四千五百圆，学金所收共二千圆，其余率商人垫足之。观会议厅、书藏、教习、寝室各地。其教室但二处，颇失绳尺，独其提议时故有精神，虽缺于形式，不害也。观中华会馆。我国人旅此者凡三千人，粤居其九，岁推总理、董事，以理其事，隐然争回自治之权，闻者敬焉。游横滨馆劝工场，货品甚众，价亦颇昂。返，过德隆商人邓君裕卿志宽，邓与商家郭津垣、陈巨衍、邓金泰各请书名刺一，复为荣西书联二，裕卿书联一，又镜帧各一。日人根岸荣者适在坐，急以巨幅求书。又为甘泉书中堂一幅。时将暮，勉辞归。裕卿又留饭，乃去。返东同泰，又为罗君晓东书联二，为日人原善太郎书倭绢额一。余特题“同心如兰”字，且以两邦交情勉之。

癸未，晴。早饭后登船，甘泉到送行，同船者，上海项君莲生文端、杨君月如保恒、孔君志怡祥百，娄县乔君憩林棠，武陵罗君刚父大维,无锡秦君效鲁毓鎏,殊不寂寞。项、杨、孔、乔四君皆速成师范科同时卒业者也。此船载重二千九百余吨,座客容一等五十二人,二等二十四人,三等分为上下层,上层百五十六人,下层百七十九人。十时发轮,风浪绝大,颠簸最甚,长卧而已。船票更以切符。

甲申,晴。是日风浪略定。晚五时泊神户,登岸至同文学校,访擎一、挺之诸君。擎一邀食餐。夜,晤墨斋等,偕步行街市,宿于此。

乙酉,晴。早九时回船,卓京、挺之、墨斋、秀峰到送别。十一时发。午无事,与刚父相与为射覆之戏。余复拟数题目,悟得双声射覆之法,更得数商如铁箭、美人、玉葱、名臣之类。晚,抵马关。

丙戌,晴。早起,以泊马关,登船上望景,得诗一律,云:"海光山色黯楼台,无限浓青锁不开。两壁鱼龙鏖水斗,双丸日月倦轮回。中流估客争舟急,向晚渔人得利来。关外至今余恨在,断潮呜咽夜声哀。"十一时发。晌午,微有风浪。晚四时,抵长崎。

十二月丁亥朔。早,望长崎。此处货物上落甚多,故至下午五时乃启行。我国商人由此往上海者最众。五时启轮西发。夜,调收切符。

戊子。早,风波平静。过黄海,时日适出,从圜窗射入,光彩布眩,若张异锦。急登观之。水际若漾万色钱,又如巨釜沸珍珠,甚奇观也。午,浪颇巨,数以诗示刚父。身渡太[平]洋,不能望海发豪兴,乃至坚卧无聊,以诗词为消遣,可笑人也。是日为阳历十二月三十一号,夜得诗一首,志其事,云:"两国平分界,孤身过渡时。东西瀛瀣隔,新旧岁时移。云压帆尖黑,风团浪脚迟。夜中横破海,豪气镇蛟螭。"孔君志怡和之,有"药采神山速,舟回故国迟"之句,亦各道所志也。

己丑,晴。早,抵吴淞口。午一打钟,泊码头。寿平叔等误以余自神户丸返,比至,无知者。因先入全安栈,旋往招商局小坐。至寿平叔家,见均笙,遣人取行李来此。闻镇三、养源、鸿若尚在泰安栈,未返粤,亟往拜之。随往伯振兄家一坐。夜,郑丈瑶珊康裕、甘丈日初邀饮于一家春，晤陈丈辉廷、唐凤墀（名德熙，南海人。候选道、招商局总办）观察，同席四十余人。席散，与紫明叔谈，得见粤中来信凡三。闻仲吉年伯将由秦皇岛入京，往访之，不遇。

庚寅。早，养源、鸿若到访。午，访仲吉年伯，送行。偕均笙观广肇公所，游愚园。园石径最曲折，亭台阴森，而游人既稀，地益剥圮。园主方敛赀，人一角乃得入，至者殊寥寥。行建为李文忠公专祠，“愚园”二字由是成古迹矣。游张园。园最为繁华之中心点，然第茶座及弹子房数处，无他可观。春时士女相逐标艳角颖，乃萃此云。夜，与鉴弟访桑侯叔。

辛卯，晴。沪上寒，不及东京，而早寒特甚，以静坐未出也。寄信粤中。午，得粤信，悉吉符兄议昏于番禺盛氏，有成议矣。访养源，为公函寄京，呈冶秋师。夜，往公余别墅，徐雨之观察、陈丈霭庭观察等为紫明叔觞寿，并饮余。

壬辰，晴。早，寄信田村、金太、河原、大村、二股诸君，各一函谢之。鸿若到坐。午，与伯振兄出游。夜，桑侯叔邀饮杏花楼，连夜困酒，不适。

癸巳，晴。早起，与伯振兄往徐家汇观南洋公学。公学为轮、电两局捐资所办，设于光绪二十三年，其中分为上院、中院、师范班、特班、蒙学堂五种。上院课政治、经济、法律专门之学，以前卒业生派出洋外，虚无其人。中院课中文、英文、化学、格致普通之学，分为一班至六班，第五班以事退学，公学亦全班革退之，故独阙。每班华文教习二人，西文、格致、算学教习一人。师范班为师范专修科，课师范、教育、管理学校之法。特班课中西政治、文学、法律道德之学。蒙学堂分高等、补习二级，专教幼童，为中院生之预备，现在有七十人。自丁酉启学，师范先设，戊戌开中院，己亥开蒙学，庚子置特班及东文学堂。又有所谓政治专修科者，为上院豫科，以便将来考选推升之地。校中设总理一人，监院一人，华文学科总教习一人，西文学科总教习一人。其监华文学科教习、管理华课者，每班二人，各主功课一次。

此教习轮元监起居，教习甲为监，其功课添于乙，乙为监亦如之。堂内规约及整洁，皆其所主。监起居教习由通堂教习每星期轮派二人，专司其事，主学生起居及身体整洁、出入游息。别设办事人管理银钱账房、管理堂务账房、管理学具买办账房。又约束丁役代办学生物件、送信跑差。设书楼管理人，司藏书取书。每日午前七时早膳，十一时午膳，午后六时晚膳。每天六时两刻起，以夜九时两刻睡。年中除礼拜外，年假、暑假各三十天，清明、端午、中秋各予假三天。年有大考，月有月考，星期有记分，此学中大概章程也。观师范生各室、教习卧室、客座、外国客座、膳厅。厅中食皆方桌，每桌八人，甚齐整可观。观西课室。其课室，教师旁坐，而中设壁炉，此大失处。观阅报室、化学室、格致室。楼凡三层，层有膳厅，有厕。学生卧室之末置起居监卧室督之，蒙学堂在其右。生徒之严整有礼，少不如东洋，然游戏喧呼亦不之及也。中央为大会堂，祀孔子处，犹日本讲堂之设御影也。外为总办室、文案处、支给处，门以外操场二，场前有园有亭，故总办何梅生所设也。通观公学，尚有未尽准绳尺之处，然自中学计之，可谓宏敞，恨办事者无精神耳。一学堂而备高等、中、小学三者之程度，此庆应义塾之制，初立之校类然也。返已午。午后与伯振入县城，粪溺堆积，水道郁洳，街市狭隘。观所谓湖心亭内园者，稍为可观，亦觉尘浊之气逼人。园中有耸翠亭，山石曲折，尚雅适，而草萎不修，作泥土气，亦不可久留也。王氏育材书塾在大东门内北城脚，即王氏家祠省园也。额设住院八十二人，附课十八人，现广额至百三十人。住院生四年卒业，修膳费年七十二元，体操号衣裤四元，节费四元，附课生年二十四元，体操号衣裤四元，节费二元，膳资另付，按月缴纳。塾中置备床、汤、灯、桌一切应用器物，且备各种中西课本。今年始增设寄宿舍，于附近住舍者，每人先付半年，洋六元，房资、茶水、煤炭、灯火、仆人皆在内。又设走读之法，每人学费半年洋十二元，节费二元，操衣费、膳资同上。塾开设于光绪二十三年，中分为蒙馆二、经馆二、西馆二，学科为修身、历史、地理、数学、物理、化学、动植物学、生理、中文、英文、日文、体操。又设专门政治科，考经济、政治、法学、宪法之学，修业二年。商业科课商业、历史、地理、算学、簿记之学，修业二年，皆专门之豫科，使志学之士以普通为未足者，随所好而学焉。此塾颇严整，教亦得倡，体操一科，私塾中之特色也。归。夜，叶君锦初邀三庆茶园观剧。

甲午，晴。午，访养源。午后，往招商局晤张君子标，与均笙游紫明叔新园。园方就，玻璃暖花室一座，次有角亭牵蔓，平芜列茵，后蓄小池，白鹅二栖止其上。虽颇草创，后日佳地也。旁即辉廷丈怡情小苑，大率相等。寻观子标之补萝居，外植花卉，中楼堂深邃，悉以欧式，此豪家行乐之地，非所谓园也。郭外寒甚，马车上逆风欲噤。回，则五打钟矣。得粤信，吉符兄将以十一日纳征于盛氏，念三迎亲。亲翁名景熙，号春台，廪生，中书科中书。

乙未，晴。竟日不出，庭中盘水凝作冰。午，陈君子初、邝君乾三来坐。夜，见香泉、盛芝两君。

丙申，晴。诣紫明叔家，贺生日，且五十寿也。早，养源来，以所译《世界诸国名义考》相质。夜，紫明叔邀饮杏花楼，同席陈君永基，辉廷丈之子也。与养源访冯君霖若于广智书局。霖若为鸿若乃弟。

丁酉，晴，天气颇寒。定附安平轮返粤。夜，霖若见访。

戊戌，晴。早，约均笙及徐君会炯往观澄衷蒙学堂。此堂为叶观察成忠所设，计地二十五亩有奇，叶(手)[首]捐十万金，粗备开办一切经费，其子又捐十万金，继之为东六斋、西五斋、算术二斋。其教室规模甚佳，前后分数座，飞桥通于楼上，故光线极得。讲室上悬御笔额，惜横列，听讲不甚明朗。堂中设总理一人，总教习二人，教习二十余人。现计生徒贴费生一百有三人，不贴费生一百十三人，原额为三百名，内划出八十名，专课商学，自明年为始，添招学生百名，限十六岁以下。膳费每年二十四元，兼习英、法文者加学费二十四元。蒙学有此，亦巨观也。返，伯振兄邀饮于一品香洋菜馆。晚，检行李，先下船，燊侯叔到送行。夜，访鸿若。

己亥，晴。早，与鉴麟弟登轮，紫明叔，寿平叔，伯振兄，均笙，盛之，乾三，葆、菁诸弟至船送行。同船有韦文甫观察，并识买办张曜垣。十打钟开行。船甚平静。夜，过宁波。

庚子，晴。过温州，风浪颇巨，鉴弟呕吐不能饭。夜，过福州，咳甚。

辛丑望，雨。早，过厦门。午后，过汕头，闻夜可抵香港矣。

壬寅，晴。早，泊港，上岸游眺。午，小雨。四打钟启行。

癸卯，晴。早，五打钟抵省。由港至者，本行七下钟可至，须天明待税关也。七打钟抵家。午，胡仁阶茂才兆麟、罗少翱茂才彤璋、吴澄秋茂才琠来。闻仙洲太守丁外艰。

甲辰，晴。连日咳嗽，弥苦。午，入城谒一夔师，又访王叶吉茂才广龄，议倡普通学讲习社。

乙巳，晴。咳甚。访朝选诊脉。午，服药。访辅臣不遇。录东游所得诗词，以赠亲友。

丙午，晴。咳，仍服饵。午，访展堂、斌贻于岭海报馆，留晚饭，谈至三鼓。与展堂公致祭礼于仙洲太守。

丁未，晴。分呈《参观学校图说》于督、抚、藩、臬、运诸宪及南、番两邑侯。午，辅臣、叔颖先后到访。午后，往广州府署请见，呈《学校图说》一部。

戊申，阴。早，往府署，祭龚老大人。午，诣督抚辕，禀到。旋谒桂午师，呈《学校图说》，谒仲容师，均不遇。时仲容师奉署澄海，余久未之见也。返，少翱在坐，叩东游之方针，因及将以明春与陈德三孝廉敬彭游学日本，考察蚕桑，延聘工师。先仿鄂、闽、两江蚕桑公学之设，置一公院于邑之西樵简村，集股二百，每股百金，而以千二百金为游学经费，拟至东京府下王子村之蚕业讲习所，此所吾粤学生卒业者已有三数人云。余亟赞其成，且谓宜博采，不宜株守，如观蚕种之类别，当于农科大学，观丝色之良楛，当于大阪博览会，又大阪府立之农学校有专门养蚕之别科，校长井原，谈学务甚殷，余当可致力也。

跋

岁壬寅，十有二月，颖人自日本返国，摘其东游时纪事数卷付之梓人，于是行次坌促，有风尘色，未可竟言也。篝灯述所闻见之大概，意若憾是行之无价值，而期以考察学务偿之者，余闻之有感情焉。方今谭新之士至众矣，意气自憙，雄辩于一哄之室，构创者一二，仿效者百十，务惊人耳鼓以为快，徐考其学，则空洞而无所见，若是者往往而然。己、庚以来，虚疏之士、儇薄之徒，咸倚是为藏拙之上策，匪直藏拙，又炫其素所耳食，以暴于人前，甚者肆为雌黄，居然以善(慢)[谩]骂傲其侪类，悲夫！悲夫！新旧异学，冰炭殊致，有由然矣。国文之不知缀而言革新，普通之未毕而工演说，事之可怪，又有甚于此者乎？今之青年，非无有志之士也，然而抨击过量，憎甲及乙，意之所非，则百訾而无一瑅，如此则何学之求哉！夫采彼之长，济我之短，此其说不俟今而言之矣。举一国之政治、学术、风俗、思想，而悬观其微，斯得失之数明，虽至愚而不必自讳，不必自讳则吾求吾学，吾求吾受益之地而已。昔加富尔尝言之，居今日之天下，而惟侈言，不顾成败，不恤利钝，陈义非不甚高。然业也者期成者也，求学而不期成，是犹之日日淅米而不炊，其终岁而不得一饱。又何怪乎吾弟就道，即慨然以教育为志，学期既毕，复穷观京都、大阪学事，卒达其目的而后返。将辑论其得失，以告世之君子，而先以此饷同志。虽颇丛杂，猝未点窜，而语质不讳，于学校之制，尤致意焉。今而后六月之价值，有以偿矣。

癸卯孟春吉符庆麟识于十三芝室

东游考察学校记通检

《中国近现代稀见史料丛刊》已出书目

第一辑

莫友芝日记
汪荣宝日记
翁曾翰日记
邓华熙日记
贺葆真日记
徐兆玮杂著七种
白雨斋诗话
俞樾函札辑证
清民两代金石书画史
扶桑十旬记(外三种)

第二辑

翁斌孙日记
张佩纶日记
吴兔床日记
赵元成日记(外一种)
1934—1935 中缅边界调查日记
十八国游历日记
潘德舆家书与日记
翁同爵家书系年考
张祥河奏折
爱日精庐文稿
沈信卿先生文集
联语粹编
近代珍稀集句诗文集

第三辑

孟宪彝日记
潘道根日记
蟫庐日记(外五种)
壬癸避难日志　辛卯年日记
嘉业堂藏书日记抄
吴大澂书信四种
赵尊岳集
贺培新集
珠泉草庐师友录　珠泉草庐文录
校辑民权素诗话廿一种

第四辑

江瀚日记
英轺日记两种
胡嗣瑗日记
王振声日记
黄秉义日记
粟奉之日记
王承传日记
唐烜日记
王锺霖日记(外一种)
翁同龢家书
甲午战争汉诗选
达亭老人遗稿